U0937128

汉武帝与中外朝制度

◎主编 金开诚
◎编著 孟凡慧

吉林文史出版社
吉林出版集团有限责任公司

图书在版编目（CIP）数据

汉武帝与中外朝制度 / 孟凡慧编著 . 一长春：吉林出版集团有限责任公司，2011.4（2022.1 重印）

ISBN 978-7-5463-4970-1

Ⅰ . ①汉… Ⅱ . ①孟… Ⅲ . ①官制－研究－中国－汉代 Ⅳ . ① D691.42

中国版本图书馆 CIP 数据核字（2011）第 053410 号

汉武帝与中外朝制度

HANWUDI YU ZHONGWAICHAO ZHIDU

主编/ 金开诚 编著/孟凡慧

项目负责/崔博华 责任编辑/崔博华 邱 荷

责任校对/邱 荷 装帧设计/柳甬泽 张红霞

出版发行/吉林文史出版社 吉林出版集团有限责任公司

地址/长春市人民大街4646号 邮编/130021

电话/0431-86037503 传真/0431-86037589

印刷/三河市金兆印刷装订有限公司

版次 /2011 年 4 月第 1 版 2022 年 1 月第 5 次印刷

开本/650mm×960mm 1/16

印张/9 字数/30千

书号/ISBN 978-7-5463-4970-1

定价/34.80元

编委会

前 言

文化是一种社会现象，是人类物质文明和精神文明有机融合的产物；同时又是一种历史现象，是社会的历史沉积。当今世界，随着经济全球化进程的加快，人们也越来越重视本民族的文化。我们只有加强对本民族文化的继承和创新，才能更好地弘扬民族精神，增强民族凝聚力。历史经验告诉我们，任何一个民族要想屹立于世界民族之林，必须具有自尊、自信、自强的民族意识。文化是维系一个民族生存和发展的强大动力。一个民族的存在依赖文化，文化的解体就是一个民族的消亡。

随着我国综合国力的日益强大，广大民众对重塑民族自尊心和自豪感的愿望日益迫切。作为民族大家庭中的一员，将源远流长、博大精深的中国文化继承并传播给广大群众，特别是青年一代，是我们出版人义不容辞的责任。

本套丛书是由吉林文史出版社和吉林出版集团有限责任公司组织国内知名专家学者编写的一套旨在传播中华五千年优秀传统文化，提高全民文化修养的大型知识读本。该书在深入挖掘和整理中华优秀传统文化成果的同时，结合社会发展，注入了时代精神。书中优美生动的文字、简明通俗的语言、图文并茂的形式，把中国文化中的物态文化、制度文化、行为文化、精神文化等知识要点全面展示给读者。点点滴滴的文化知识仿佛颗颗繁星，组成了灿烂辉煌的中国文化的天穹。

希望本书能为弘扬中华五千年优秀传统文化、增强各民族团结、构建社会主义和谐社会尽一份绵薄之力，也坚信我们的中华民族一定能够早日实现伟大复兴！

目录

一、皇家的幸运儿

（一）宫闱风波　胜利争储

汉武帝刘彻，原名彘，是汉景帝刘启的第十个儿子，汉文帝刘恒的孙子，高帝刘邦的曾孙，生于景帝初元年（前 156 年），此时正是史家称羡的“文景之治”时期。后元三年（前 141 年）正月景帝刘启死，甲子日，刘彻即皇帝位，时年 16 岁。刘彻即位时距汉初有六十余年。这六十余年包括“文景之治”时代，国家实行的是黄老“无为而治”的治国思想。

研究西汉社会的方方面面，思想问题是必谈的。黄老思想在西汉初期的确立其根基要追溯到秦始皇时期。秦始皇时确立皇权至上，皇帝独揽天下一切权力，控制政治、经济、文化、思想等所有领域，“专任刑罚”，并制定“二世三世至于万世，传之无穷”的世袭制度。始皇死后，二世即位后，他仍以辅助始皇的李斯为丞相。李斯与韩非为同门师兄弟，都是法家思想的代表人物，而这也决定了他们倡导“独制天下”“繁刑严诛”“吏治刻薄”的政治理念。

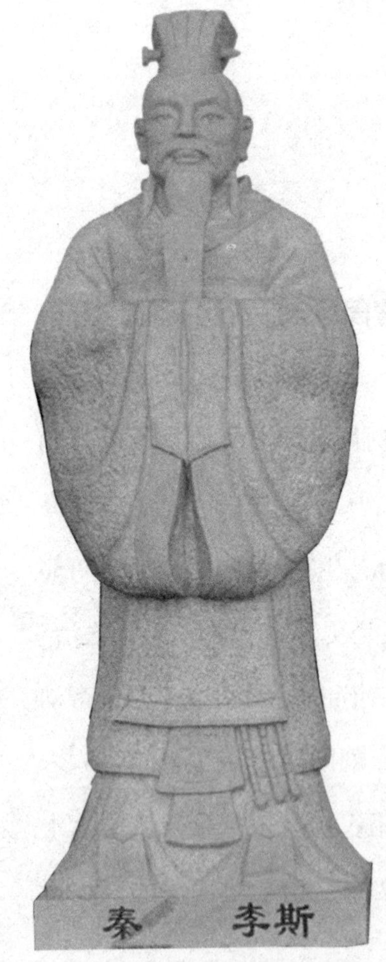

在这种治国理念的指导下，秦朝实行了高度集权的政治措施。在全国范围内全面实行手段暴虐、时间持久的专制。这种暴君暴政耗尽了天下的财力物力，结果海内幽怨一时发作，导致秦朝二世而亡，给后世留下了深刻教训。

殷鉴不远，自高帝刘邦起，高后、

惠帝、文帝、景帝几代人都认真总结汲取秦朝短命的教训，并引以为戒，“拨乱世反诸正”。因为他们都面对了这样的社会现实：残破不堪的社会，稀稀落落的民户，以及“天下苦秦久矣”的强大社会心理。秦末动乱给社会经济造成的创伤十分严重，人民流离失所，经济凋敝，一石米价格竟值五千钱，人与人之间甚至易子相食。国家穷得连天子都配备不起四匹同一颜色的马，将相只能乘牛车。

严酷的社会经济形势和民众疾秦的心理，使刘邦及其统治集团不得不冷静下来，系统地总结历史经验。陆贾上了一篇《新语》，指出当下应施行无为而治的休养生息政策。于是很快“蠲削繁苛”“约法省禁”，就此奠定了汉初无为而治的理论和政策基础，并一直延续到文景之治。

高后称制，政不出户。惠帝垂拱而已，委政于萧曹二相。君臣都想休息无为，从民之欲，继续无为而治，不滋事扰民。他们的具体做法仍是“蠲削繁苛，约法省禁”。尤其在文帝时期，更是以躬修节俭而美誉名传。人多质朴，议论宽厚，以德化民，事少政宽，可以说无为而治是一种开明的治国思想。在这种思想的指导之下，社会各方面逐渐恢复并得到了发展。

汉武帝的童年和少年就是在“文景之治”中度过的。景帝的皇储，原来不是刘彘。按照传统的“立子以贵不以长，立嫡以长不以贤”的继承法，他这个位列第十，又是庶出的儿子，在继承皇位的问题上，本来列名在一长串名单之后，简直可以说是毫无希望。但是，在一场历时不短的宫廷夺储的竞争中，他却意外得宠。在汉代，十分重视预立皇储，认为皇储是国家的根本，“天下之命，悬于太子”。高祖曾认为秦亡的一个重要原因就是不早定扶苏，所以确立了提前立太子的制度。

汉朝所选定的建储制就是嫡长子继统制。嫡长子继统制在汉初有很大的权

威性。高帝刘邦曾出于私心想废太子刘盈，改立庶出的小儿子赵王如意。但是当受到叔孙通等人的劝阻后，就马上收回了成命。为此，还上演了一出吕后杀如意,将戚夫人摧残成“人彘”的历史悲剧。

景帝即位，薄皇后无子。既然没有嫡子，皇储也就只能从诸庶子中选立。景帝有十四个庶子：栗姬生临江闵王荣、河间献王德、临江哀王阏；程姬生鲁共王余、江都易王非、胶西于王端；贾夫人生赵敬肃王彭祖、中山靖王胜；唐姬生长沙定王发；王儿姁生广川惠王越、胶东康王寄、清河哀王乘、常山献王舜；

王夫人生彘。彘排行第十。当景帝无嫡长子，太子之位又没有确定时，那么这十四个庶出皇子的隐性皇储候选资格就成为显性资格，一下子都进入了皇储候选序列。当然谁也不能绝对排除被选中的可能性，于是一场争夺皇储的纷争就这样在暗中慢慢酝酿了。根据“以长不以贤”的法则，就选定了刘荣，称为栗太子。这是景帝初元四年(前153年)四月的事。同一天，刘彘被封为胶东王，时年4岁。

由于专制制度本身就有无法避免的缺陷，因而在储君已定的情况下，皇子之间的纷争还是不可避免。刘彘的生母王夫人，是扶风郡槐里(今陕西兴平东南)

平民王仲之女。王仲的妻子臧儿，是故燕王臧荼的孙女。生有两女,王娡为长女,就是武帝刘彘的生母。景帝为太子时就十分宠爱王娡，即位后先封为美人，不久就封为夫人。

景帝的皇后薄皇后是文帝母亲薄太后的家女,景帝做太子时,由薄太后做主,娶她为妃。景帝即位，立薄妃为后。薄后因无子失宠。景帝初元二年(前155年)四月,薄太皇太后死,薄皇后失去了靠山。初元六年(前151年)九月,薄皇后被废,皇后位缺。于是，皇储争夺战又与皇后争夺战交织在一起。

栗姬原本最受景帝的宠爱，又是太子荣的生母，按照次序当立为皇后。景帝原也有此意，因此生病时曾嘱咐栗姬，在他死后要好好照看诸皇子。这里，立栗姬为后的意思是很明白的。可是栗姬妒心太重，胸襟狭窄，弄得景帝很不高兴，于是就把立后的事搁置下来。栗姬错过了当皇后的机会，更怀怨恨，进而失去

了景帝的宠幸。

在景帝内宫围绕争后争储的斗争中，馆陶公主嫖起了关键的作用。嫖是景帝的同母姐姐，刘彘的姑母，窦太后非常宠爱这个独生女儿，临死前下遗诏把东宫的金银财宝全赏赐给长公主。长公主出入宫闱，与景帝关系也很密切，她说的话对景帝很有影响。由于长公主在宫廷中很有势力，所以很多后宫姬妾都巴结她，企求她在景帝面前为自己美言几句。长公主有女名阿娇。她希望自己的女儿将来能做皇后，想把阿娇嫁给太子荣，于是便差人示意栗姬。栗姬心眼小，目光短浅，怨恨长公主经常献给景帝美女，使自己失掉了景帝的宠爱，因而拒绝联姻。长公主从此与栗姬交恶结怨。后来她又看中了刘彘，向王夫人提亲，王夫人一口答应。

曾有个故事说刘彘为胶东王之后，有一次，长公主把他抱在膝上问："想娶

媳妇吗？”刘彘答：“想。”长公主把左右侍女一一指给刘彘，刘彘都说不喜欢，最后长公主指着自己的女儿问他：“阿娇好不好？”刘彘这才笑着说：“好！若得阿娇作妇，当作金屋贮她！”长公主听后大为高兴，坚持要求景帝答应这门亲事，终于把阿娇嫁给了刘彘。这就是“金屋藏娇”的故事。

此后，长公主积极活动，推动景帝立王夫人为后，立刘彘为储君。景帝认为王夫人很贤惠，又很看中刘彘，于是不觉动心。景帝初元七年（前150年）春，

景帝不顾太尉周亚夫、太子太傅窦婴的阻谏，废太子荣为临江王。夏四月，景帝立王夫人为后。十二天后,立彘为太子。同时，景帝将他改名为刘彻。

中元二年(前148年)三月，废太子临江王荣违法自杀。夏，梁孝王武因为争储失败，怨恨袁盎等议臣，派刺客刺杀了袁盎等议臣十余人。景帝查明案情,派田叔等为专使，追捕参与暗杀阴谋的梁王臣羊胜、公孙诡。梁孝王为了灭口,被迫令羊胜、公孙诡自杀，但景帝从此对他不满,疏远了他。梁孝王虽然免了罪,但终因失宠，郁郁不乐，中元六年(前144年)四月去世。至此，对刘彻储位的威胁才基本解除。

(二)文景积蓄　国力殷实

后元三年正月二十七日，景帝驾崩于未央宫，终年48岁，在位十六年。国不可一日无君，皇太子刘彻当日在灵柩前继承皇位，君临天下，时年16岁，是为汉武帝。尊祖母皇太后窦氏为太皇太后，母王皇后为皇太后。尊先帝庙号为孝景皇帝，二月奉葬阳陵。

武帝即位时距汉初已有六十余年。这六十余年经过高帝的休养生息、文景之治的恢复和积累，社会逐渐呈现出太

平盛世的局面。全国的百姓也没有繁重的劳役之苦，保证了他们的耕作时间。如果不遇上大的水灾或旱灾，人民家家可以自足。无论城里还是乡村，官府的仓库里都满满地贮藏着粮食和钱财。长安城内国库中的钱堆放在一起，因为时间太长，用来穿钱的绳子都烂断了，铜钱散乱在一起，多得无法计算。粮仓里的粟米，一层一层向上堆，堆得很高，以致有许多粮食从仓中落到地上，腐烂不能吃。这时候，就连平民百姓都能骑上自己的马匹在大街小巷中往来奔忙。田野里的马牛更是成群结队，可见当时天下之富。

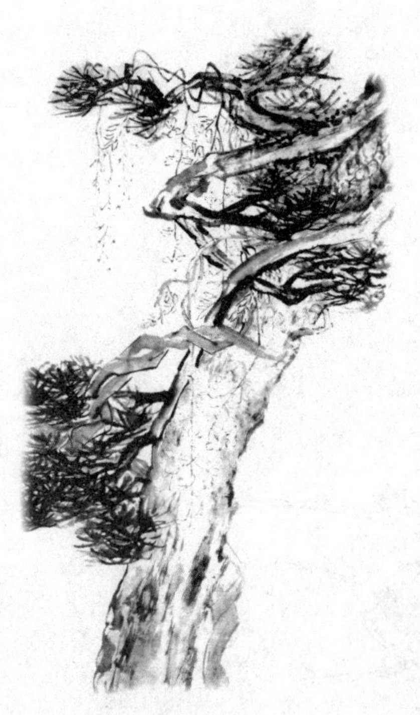

衣食足，知礼节，文景时期人人自爱，把犯法看成是一件严重的事情，互相之间劝勉多做好事，不愿因为做坏事而受到朝廷的羞辱。每年官方处决的犯人只有几十个人，天下一片太平景象。

初登帝位的汉武帝是个热血少年，

他有活力，有抱负，看着文景之治留下的厚实积蓄和太平局面，他不禁想在先帝们为自己搭好的舞台上，施展自己的雄才大略，他要用这笔丰富的遗产干出一番事业来。

二、黄老学说与独尊儒术

（一）汉初黄老思想

汉武帝要实现理想中的治国蓝图，必须解决所面临的如下一些紧要问题：

第一，国家的指导思想问题。汉初以“黄老无为而治”的思想为指导，这是由当时的历史条件和社会背景所决定的，如果历史条件变化了，国家的指导思想也要跟着变化。“黄老学说”是道家学说中的两派。“黄”指“黄帝之学”，“老”

指老子的学说。“黄帝之学”是战国时期形成的一个学派。过去有关“黄帝之学”的著作均已散失，只在《汉书·艺文志》中记载有黄帝书五种，计有：《黄帝四经》四篇，《黄帝铭》六篇，《黄帝君臣》十篇，《杂黄帝》五十八篇，《力牧》二十二篇。1973年在长沙马王堆汉墓发现了帛书《十大经》《经法》《称》《道原》等。据考证，这些帛书均属于“黄帝之学”的著作。黄帝学说与老子学说的根本区别是：它不仅讲道，而且还讲法。汉初把黄老思想糅合在一起，成为当时统治阶级的政治指导思想。

黄老之学有两个特点：一是黄老之学虽然对包括早期道家在内的先秦各家

学说都有所批评和舍弃，却在另一方面突出地表现了它以早期道家理论为基础，兼采阴阳、儒、墨、名、法等各家学说之“善”的特点。二是在阐述道家“自然无为”的理论方面，强调的是“无为而无不为”，既有尊重自然规律反对盲目行动的一面，又有发挥人的主观能动作用、主张“待时而动”“因时制宜”的另一面，是一种“积极无为”主义。

黄老之学主张实行“无为”政治，主张统治者“省苛事，节赋敛，毋夺民时”和“节用民力”等等，要求统治者适当减轻人民负担，不要过度剥削和压榨人民。这就有利于缓和社会矛盾，使人民发挥生产的积极性，恢复和发展受到严

重破坏的社会经济。这些基本主张既符合人民休养生息的愿望，也适合统治阶级巩固统治的需要。汉初的几任丞相，大都治“黄老之术”，实行“无为而治”。汉初一些重要思想家，如陆贾、贾谊等人的政论著作，也明显地吸收了黄老之学的理论内容。陆贾《新语》中《道基》《无为》《至德》诸篇，贾谊《新书》中《修政语》《道德说》等篇，都打上了黄老之学的思想烙印。甚至一些文学作品也是这样。这表明黄老之学在汉初十分流行，有很大的社会影响力。

汉初黄老之学，促进了封建统治秩序的巩固，为社会生产力的恢复创造了良好的氛围。但是，随着统治阶级本身力量的日益强大以及社会矛盾的日益尖锐，统治者必然要求强化和集中权力，不可能长期安于“清静无为”的自由放任状态。于是，西汉初期一度盛行的黄老之学，到了西汉中期的汉武帝时代，也就随着国家由弱到强的转变，走上了由盛而衰的道路，最后让位于为汉武帝“有为”政治服务的董仲舒的新儒学理论体系。而这也是由客观条件决定的。汉初对诸侯王、匈奴采取妥协退让的政策，是因为朝廷没有雄厚的实力与之抗衡。文帝时，贾谊就提出应以儒家思想为指导来治理国家。他认为：秦之所以传二世，是因为不施仁义，不行德治，而专任刑罚造成的。他认为儒家思想治国的特征是以德治国，而法家治国的特点是刑罚。

以德行治国者命运长久，任刑罚者短命而亡。

贾谊以秦二世而亡为戒，讲专用刑罚治国之害和以仁义治国的优越性，就是希望朝廷以儒家思想为指导治理国家。如把贾谊的这些言论与董仲舒的“天人三策”相比，二者简直如出一辙，文帝时由于社会条件的限制，不得已用无为而治的思想为指导。汉文帝需要在这一思想的指导下，崇尚节俭，少兴作，以便让民众集中力量从事生产，恢复经济。这是当时继续保持汉朝稳定长久的必然之路。

第二，汉初的文化与学术政策问题。秦始皇三十四年(前213年)，统治者下达焚书令。此后，项羽又火烧秦宫，使秦宫中的藏书也付之一炬。所以汉初社会文化处于沙漠化的境地，迫切需要恢复文化,开放书禁。惠帝四年(前191年)，废除“挟书律”，口授的书可以写在竹、帛上传阅。藏于墙壁中的古文书也不断被发现。所谓“汉兴，改秦之败，大收

篇籍，广开献书之路”。文帝时天下书籍公布于世的非常多，都是先秦诸子的著作。

汉初以黄老“无为而治”为指导思想。在学术讨论中，即使在皇帝面前，各学派的不同意见也可以进行辩论，并不因为尊崇黄老，就对其他各学派实行专制。如景帝时，齐诗博士辕固生与道家黄生就商汤伐桀，武王伐纣这两个事件的性质展开辩论。辕固生是《诗》学博士，在当时堪称《诗经》专家。辕固生说:“夏桀、商纣暴虐,所以商汤诛夏桀,武王讨商纣。天下归于商汤和武王。这是顺应天意和民心的事情。”而黄生却以“汤武非受命，乃弒也”据理力争。意思就是，商纣虽然失去道义，但仍是君王，君王有过，臣下应当劝谏，岂能上下错位，取而代之？黄生用儒家的君臣尊卑观念来反驳辕固生。岂料辕固生回答道：

“必若所云，是高帝代秦即天子之位，非邪？”以此推论，高祖代秦，即位于天子，也是大逆不道的篡弑行为吗？辩论到此，两者各持己见，互不相让。于是景帝出面制止道：“食肉不食马肝，不为不知味；言学者无言汤武受命，不为愚！”（《史记·儒林列传》）这是一句很有意思的话，即吃肉不吃马肝，不算不知味；讨论学问，避开汤武，没人说你们愚昧。这场辩论也就到此为止了。后人对黄生的认识也不过如此，历史上关于他的记载少之又少。

在汉初开明的学术政策下，实际上形成了尊黄老而兼用各家的局面。文帝就是一位以黄老“无为而治”为指导，又推行儒家“德治”，同时又是一位“好刑名之言”的重法君主。汉武帝即位之后，面临着能否继承汉初开明的学术思想政策的问题，是尊儒术而兼用百家呢？还是尊儒术而对百家实行专制？

第三，汉初恢复、发展经济的过程中出现的社会问题。由于秦的暴政和其后的战乱，汉初社会不安定，经济凋敝、百废待兴，陆贾在《新语·无为》中说“道莫大于无为”。所谓“无为”在当时条件下，就是要扫除繁苛、与民休息。在这种思想的指导下，汉初废除了秦朝时期遗留下来的一系列繁苛严法，采取了轻徭、薄赋、省刑等措施，促进了农业的恢复和发展。同时又采取措施发展工商业。如文帝前元五年（前 175 年）

除“盗铸令”“听民放铸”。文帝前元十二年(前168年)除“关无用传”。文帝后元六年(前158年)又下令开放池林山泽。所有这些措施都促进了工商业的蓬勃发展。因此,《史记·货殖列传》中记载:“汉兴,海内为一,开关梁,弛山泽之禁,是以富商大贾周流天下,交易之物莫不通,得其所欲。”在黄老思想的指导下,经济繁荣发展,民给自足,社会稳定。但是物盛而衰,物极必反,随着经济的恢复发展,繁荣局面的出现,同时也产生了一些新的社会问题。由于社会法律宽舒,百姓殷富,一些豪富凭借财势,骄傲放纵,在社会、乡里横行霸道。有封邑土地的宗室及公卿大夫都竞相奢侈,住宅、车马、服饰甚至超过了皇帝,没有一点限度。随着经济的发展,贫富分化和土地兼并也开始出现,普通农民的生活更加艰难了。文帝时晁错在《论贵粟疏》中提到,当时五口之家,耕田百亩的小农,一亩农田收获一石粮食的话,百亩之田收获不过百石。这比战国初期李悝所说魏国五口之家耕作百亩的小农,一亩农田收入一石半的产量还要低。而当时又频频发生自然灾害。如文帝前元十二年(前168年)河决于酸枣;

文帝后元三年(前161年)秋，关中大雨昼夜不停地连下三十五日，冲没九百余家，八千余所民室遭到破坏。三年后，天下大旱。景帝中元五年(前145年)又发生大水灾。这诸多的自然灾害给农民带来了巨大的痛苦，同时农民又深受地主、商人的兼并、剥夺，生活日益艰难，许多甚至陷于破产的境地。这是摆在汉武帝面前的又一重大社会问题。

豪强地主、富商大贾、王侯官僚、农民问题等也是汉朝内部存在的问题，也是急需解决的问题。除此之外，汉

朝与匈奴的关系也是对外关系的首要问题。秦汉以来，匈奴一直活跃在北方边境，屡次南下侵扰。高祖建立西汉，到武帝即位后，西汉对匈奴一直采取屈辱妥协的和亲政策。白登之围后高祖认识到国力的弱小。于是采纳刘敬的建议，将汉朝公主嫁给匈奴单于为阏氏，并且每年给匈奴许多财物。吕后时，冒顿单于给吕后递书侮辱戏弄，极为无理，吕后却卑辞求和，并赠送大量金银絮缯和亲，以求边境的安宁。虽然如此，匈奴还是不断地对汉朝进行侵扰劫掠。文帝前元三年（前 177 年），匈奴右贤王入河南地，灌婴率车骑八万五千，逐匈奴出塞。文帝极为重视，亲自到北方劳军。此时，济北王刘兴居听说文帝打算到北方亲自督军，于是趁机反叛。文帝急忙命柴武为大将军，率十万大军出击济北王，自己也回到长安，发诏讨逆，这次叛乱才平定下来。

文帝前元十四年(前166年)，匈奴老上单于发兵十四万入塞，大兵逼近甘泉宫，后被汉军击退；文帝后元六年(前158年)匈奴军臣单于率军大举侵犯汉境边郡。从上郡、云中分两路南侵，汉方紧急部署，令河内太守周亚夫为将军，紧急调动军队阻击。文帝亲自赴军营视察，了解战况。

面对匈奴的侵扰，文帝时贾谊在《治安策》中沉痛地指出："今海内的形势是，汉朝皇帝是天下之首，匈奴乃蛮夷，不足为重。汉朝却每年赠送大量金银絮缯给匈奴，致使本末倒置。"在贾谊看来，汉与匈奴的关系，已经到了必须解决的关头。其实文帝何尝不知，只是当时的历史和社会条件使他无法解决如此重大的问题。这种形势到了汉武帝时期就发生了很大变化。不仅经济上出现了大好形势，平定吴楚七国之乱后，威胁中央政权的诸侯王的势力遭到很大削弱。反击匈奴的条件日益成熟。在这种情况下，对匈奴应采取什么样的政策？是继续实行和亲政策以保安宁，还是调整对匈奴的政策进行武力征讨？此外，又该如何处理与南越、闽越这类分裂割据势力和周边少数民族的关系？这是摆在武帝面前的重大问题。

另外，经过汉初六十余年的恢复发展后，社会出现了几种潮流。一个是思想文化恢复发展的潮流；一个是经济恢复发展的潮流；一个是中国由分裂走向大一统的潮流。汉武帝就是走在这几种潮流正中的天子，在这几种潮流汹涌交

织之时所出现的问题，都需要他来解决。这也是历史赋予他的责任。

这其中，思想文化的潮流首先需要武帝来面对。秦统一以后以法家思想为统治思想。西汉初期以黄老“无为而治”的思想为指导思想。在这种情况下，对其他学派应采取什么态度呢? 秦始皇时是通过博士的论争来解决的，最终有了“焚书坑儒”这一历史事件的出现。董仲舒建议武帝“罢黜百家、独尊儒术”。后

人在学习时也认为汉武帝是采取独尊儒术的路线。实际上，对于这个问题自古至今都存在不同意见。

武帝即位的建元元年（前 140 年）就出现了一次尊儒活动。在这次活动过程中，丞相卫绾提出要罢黜申、商、韩法家和张仪、苏秦纵横家两个学派的学者。罢黜的范围也仅在这一年所举的贤良方正中。这样做绝不是偶然的。由于酷爱黄老之学的窦太皇太后还健在，如

果武帝提出罢黜百家也显然不合时宜。这次活动之后，深受武帝赏识的严助被擢为中大夫。几个月后，也就是建元元年六月，丞相卫绾被免去了丞相职务。同时，任命窦太皇太后的侄子窦婴为丞相，武帝的舅父田蚡为太尉。窦婴、田蚡二人都好儒术，在两人的推动下，儒家治《诗》学者申公的两个弟子，赵绾为御史大夫，王臧为郎中令，二人设立明堂，尊儒术。不仅如此，赵绾还建议不再向窦太皇太后奏事，把窦太皇太后排除在政治之外。为此，窦太皇太后大怒，导致赵绾、王臧二人下狱自杀。丞相窦婴，太尉田蚡免职。本来窦太皇太后就专喜黄老，就算赵绾不建议将她排除在政治之外，这场灾祸也在所难免了。窦太皇太后曾对武帝说："儒生专门注重外表，写起文章来天花乱坠，可是没有一点实用之处。"通过这次事件，儒家执政者受到了一次打击。这也说明，董仲舒"罢黜百家"的建议根本没有执行，尊儒的道路也充满了障碍。经过窦太皇太后的阻挠，汉武帝实行的一系列新政措施被中断了，继任的新丞相是许昌，新任的御史大夫是庄青翟，新郎中令是石建。他们三人都是顺从窦太皇太后的，都是不信儒家学说的。主管全国军事的太尉一职暂时空缺，政权基本上仍控制在窦

太皇太后的手中。

（二）窦氏衰落与田蚡得势

窦太皇太后是文帝时的皇后，景帝的母亲。吕后揽权的时候，她以良家女入选后宫。后来吕后想笼络刘氏子弟，就从宫中挑选一批宫女准备赐给诸刘姓王，每家各赐五个宫女。窦姬也在被奉送的行列。窦氏被派往的目的地是代地，

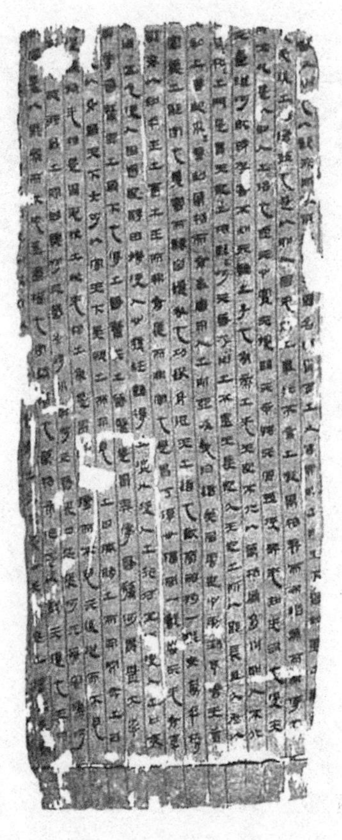

这离她的家乡赵地是很远的，也是她所不希望的，但是也不得不前往。谁知到了代地后，代王刘恒看中了窦氏，对她宠爱异常，窦氏为刘恒生了女儿刘嫖，儿子刘启和刘武。文帝刘恒做了几个月皇帝后，大臣们请文帝早立太子，这时窦姬所生的儿子刘启因为年龄最大，被立为太子。窦氏也母以子贵，做了皇后。女儿刘嫖被封为馆陶公主。第二年，又把窦皇后所生的另外一个儿子刘武封为代王，后来又改封到梁地，称为梁孝王。

窦太后喜爱黄老学说，让她的儿子和窦家子弟必须学习《老子》这本书。让他们清静无为，不要心怀奢欲。汉武帝即位后，尊窦太后为太皇太后。窦太皇太后对喜尊儒术的武帝进行了干涉。但她年岁已长，而武帝的抱负日益强大。公元前135年五月，当汉朝廷在东南地区与东越闽越的战争再起的时候，窦太皇太后的生命走到了尽头。思想自由的

黄金时代开始夕阳西下，代之而起的是与皇权相结合的儒家思想。历史又开始了一个新的时代。

汉武帝在窦太皇太后丧事之后办的第一件事就是把两个信奉黄老，由窦太皇太后旨意安排的丞相许昌和御史大夫庄青翟踢下官位。罪名是他们没有给窦太皇太后办理好丧事。同时，汉武帝马上把自己的舅父田蚡立为丞相，封韩安国为御史大夫。他用自己的舅舅来把持相权，代替了窦太皇太后安排在相位上的人，以此来收归大权。皇太后的侄子窦婴失去了靠山，一直没有得到任用。

田蚡（？—前 131），长陵人（今陕西咸阳东北）。汉景帝的皇后王娡的同母异父弟。魏其侯窦婴掌权时，田蚡还是个郎官，往来于窦婴家，陪窦婴饮酒，时跪时起，对窦婴非常恭敬。汉景帝晚年时，田蚡渐渐贵幸，为太中大夫。公元前141年汉景帝崩，汉武帝即位。田蚡因为是王太后的弟弟，皇帝的舅舅，就被封为武安侯。田蚡口才很好,学过《槃盂》之类的古书，王太后认为他很有才能。田蚡为丞相后，凭借与皇帝有至亲的身份和关系，独断专行。

魏其侯窦婴被皇帝疏远后，田蚡对

他态度傲慢，和以前完全是两个样子。后来，发生了田蚡向窦婴和灌夫征地的事件，以及窦婴、灌夫在田蚡的婚礼上闹事的事件，使得田蚡非常怨恨这两个人，最后终于找到借口将二人诬陷致死。多行不义必自毙，公元前131年的春天，田蚡经常看见窦婴和灌夫的鬼魂围绕在自己的身边，说要杀死他。他恐慌至极，不停地大声呼叫，承认自己有罪，谢罪不已。最终在惊慌和恐惧中暴毙于床榻之上。

（三）招揽人才　统一思想

武帝深知，治国之道最重要的就是

选贤任能。先贤墨子认为，尊崇圣贤，是为政的根本。国家有贤良之士，则兴旺长久；国家缺少贤能之辈便危在旦夕了。因此，武帝在执政掌权的第二年，即建元元年（前 140 年）冬十月，就诏令丞相、御史、列侯、中两千石、两千石和各诸侯国丞相举荐贤良方正。

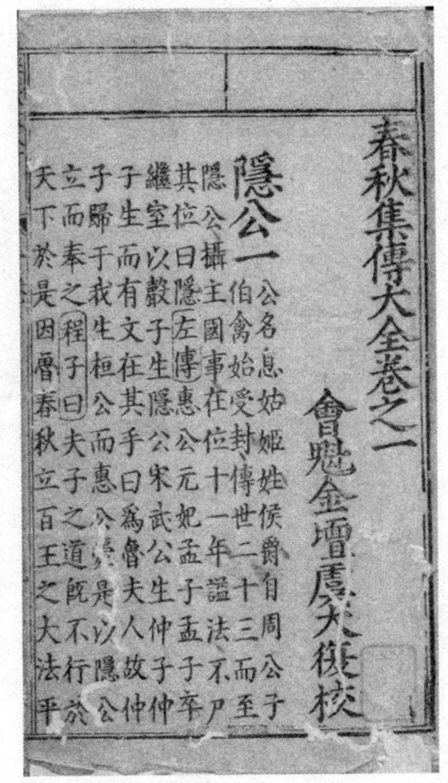
春秋集傳大全卷之一　會魁金壇虞大復校
隱公一　公名息姑姬姓侯爵自周公子伯禽始受封傳世二十三而至
隱公攝主國事在位十一年謚法不尸其位曰隱左傳惠公元妃孟子孟子卒繼室以聲子生隱公宋武公生仲子仲子生而有文在其手曰為魯夫人故仲子歸于我生桓公而惠公薨是以隱公立而奉之程子曰夫子之道既不行於天下於是因魯春秋立百王之大法乎

武帝对这次选贤十分重视。亲自出题，策问治国之道。他为董仲舒的文章所吸引。董仲舒论述了“天人感应”“君权神授”“《春秋》大一统”的思想学说。其可谓是文景气氛熏陶和培育出来的第一位有系统思想体系的经学家、教育家以及政论家。

董仲舒（前 179—前 104）广川（今河北景县西南广川镇）人。他从小就潜心发奋攻读儒家学说。他的思想以《春秋》为基础，糅合阴阳五行，阐述儒家思想，奠定了汉代儒家思想的基础。司马迁就曾以董仲舒为师。策试后不久，

武帝就在未央宫单独召见了董仲舒。汉武帝问道："三皇五帝时期，天下太平，可是后来，王道衰败，这是否是上天安排？夏商周三代受天命而起，他们的祥兆是什么？为什么会有灾异？我现在希望社会的风气是淳朴的，法令是顺承通畅的，刑罚减轻，奸佞改过，雨露滋润，百谷丰登，这些如何才能实现呢？"

可以看出，汉武帝求解的不是具体的一时权变之策，而是一个既能总结以往兴亡治乱的历史经验教训，又能解决国家现实问题，从而保证汉朝强盛的长治久安之道，是带有规律性、普遍性、战略性的历史政治哲学。针对汉武帝的征问，董仲舒连上三篇策论作答，因首篇专谈“天人关系”,故史称“天人三策”。“天人三策”中的主要建议如下：1）天人感应，君权神授。2）推明孔氏，抑黜百家。3）春秋大一统，尊王攘夷。4）建立太学，改革人才拔擢制度，反对任子訾选制。

天人关系说先秦时就有之，但董仲舒杂糅诸家，加以发展，吸收了阴阳五行学说和对自然现象的比附来详尽论证，将这个学说发展成为天人感应学说。董

仲舒认为《春秋》一书记录了几百年的天象资料，所以后世灾异要以《春秋》为根据来解释。他通过阴阳五行学说解说《春秋》，考察其中与天灾人事的联系，从而建立起“天人感应”学说。“天人感应，君权神授”是董仲舒天人关系的核心。董仲舒认为有“天命”“天志”“天意”存在，天是万物之祖，没有天就不会有万物。人之所以为人，也是天生的。天是百神之君。今海内一统，是天子受命于天，天下受命于天子的结果。天是宇宙间的最高主宰，天有着绝对权威，人为天所造，人副天数，天人合一，于

是天命在论证君主权威的重要性中得到了空前提高。把君权建筑在天恩眷顾的基础上，君权乃天所授。人君受命于天，奉天承运，进行统治，代表天的意志治理人世，一切臣民都应绝对服从君主，“屈民而伸君，屈君而伸天”从而使君主的权威绝对神圣化。这有利于维护皇权，构建大一统的政治局面。

天人感应在肯定君权神授的同时，又以天象示警，异灾警告来鞭策约束帝王的行为。认为：“国家将有失道之败，而天乃先出灾害以谴告之，不知自省，又出怪异以警惧之，尚不知变，而伤败乃至。”这就使得臣下有机会利用灾祥天变来进谏君主应法天之德行，实行仁政；

君王应受上天约束，不能为所欲为，这在君主专制时期无疑具有制约皇权的作用，有利于政治制约和平衡。

“天人感应”为历代王朝帝王所尊崇，影响深远。天人感应对皇帝的警策作用，据《汉书》《后汉书》记载，汉宣帝、汉元帝、汉成帝、光武帝等几个皇帝，在出现日食、旱灾、蝗灾、洪灾、地震等灾异时，都下罪己诏。

可以看出：一方面儒家通过君权神授论竭力为君权（政权）的合理性作出证明，树立君主的绝对权威，以此依托君权（政权）来确立儒家的正统地位。另一方面儒家又通过天人感应论，假上天之威，对皇帝的言行提出要求，皇帝必须时刻注意天的喜怒哀乐，按上天的旨意来行事。而“天意”的解释权则牢牢被儒生抓在手中，这样就实现了儒家对君权的控制和限制。儒家与权力的结盟使得儒家对整个社会的影响力和对入仕者的吸引力大大增强。

在治国方面，董仲舒言道：天道之大者在阴阳。阳为德，阴为刑；刑主杀而德主生。是故阳常居大夏，而以生育养长为事；阴常居大冬，而积于空虚不用之处。以此见天之任德不任刑也。

因此，他主张人君应当施仁政。董仲舒的德主要是指人伦纲常。孔孟认为人间有五伦，所谓君臣、父子、夫妇、兄弟和朋友。而董仲舒则择其要者改为“三纲”，君为臣纲、父为子纲、夫为妻纲。再将原先儒家主张的五种德行（仁、义、礼、智、信）合为“五常”。并认为三纲五常可求于天，不能改变。

董仲舒所提倡的“罢黜百家，独尊

儒术”也不是单纯地以尊儒为目的，它的目的是在国家树立一种唯一的统治思想，用思想上的统一来为政治上的大一统服务。人文学术脱离不了政治，坦白“罢黜百家，独尊儒术”旨在支持政治，既不是“焚”也不是“坑”，而是用文化统治文化。“罢黜百家，独尊儒术”，并不是禁绝其他各家的思想和著述，只是在选拔人才和统治思想上不取其他诸家。他向汉武帝建议要“明教化”“正法度”，力主实行“德主刑辅”的仁政，希望通过广设学校，来散布儒家道德礼仪，维护儒家地位和君主专制政权。

于是汉武帝采纳了他的建议，设立太学，置明师，培养天下有识之士，选贤才，举孝廉，郡国每年都要推举两人。

董仲舒以儒学为主体和外壳，杂糅各家思想，以阴阳五行学为哲学原理建立起具有神学色彩的新儒学体系，用“天人合一”“天人感应”“君权天授”“三纲五常”“春秋大一统”等观点，将君主统治影射到天道上，天不变道亦不变，为帝王的统治提供了理论根据。为中国两千多年的封建君主制度和封建社会的秩序结构提供了初步模板，并打下了牢固的基础。

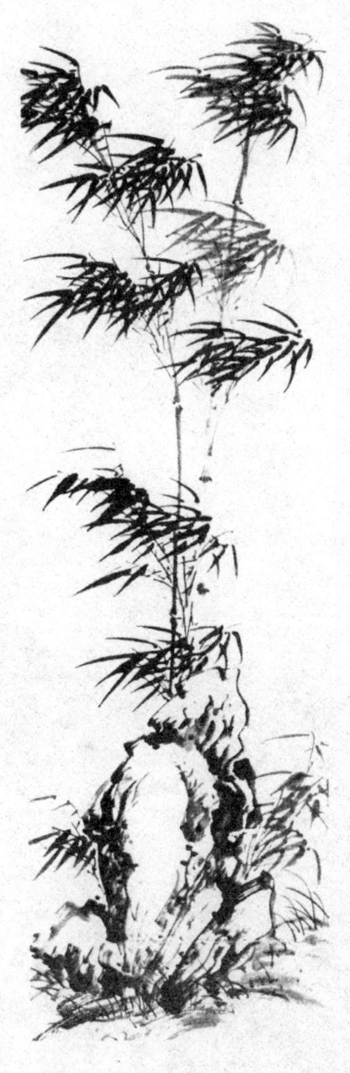

建元六年(前135年)五月，窦太皇太后死。这就为儒家的发展扫清了障碍，田蚡复出，当了丞相，“罢黜黄老刑名百家之言，延文学儒者以百数”。元光元年(前134年)十一月，又依据董仲舒建元对策的建议，郡国举孝廉各一人；五月，诏举贤良文学，武帝“策诏诸儒”，于是儒家的另一重要代表公孙弘复出。在窦太皇太后驾崩的哀乐声中，黄老的主流、指导思想的地位终于被取代。

三、建立中外朝制度

（一）改革选官制度

以汉武帝为首的统治者为了适应日益庞大的官僚机构对吏员的需要，逐步建立和形成了一套选拔统治人才的制度。这套制度包括皇帝征召、私人荐举等多种方式，但最制度化的是察举，即由地方（也包括中央各部门）长官负责考察和举荐人才，朝廷予以录用为官。

察举制。汉代选士始于汉高祖十一

年（前 196 年）二月，高祖下诏求贤，要求郡守劝勉贤士应诏。郡守若遗贤不举则免官。汉文帝前元二年（前 178 年）下诏“举贤良方正能直言极谏者”。前元十五年（前 165 年）又下诏“诸侯王、公卿、郡守举贤良能直言极谏者”。文帝还亲自出题策问。所谓“策问”，就是皇帝就时政中的问题提问，令被荐举者作答。答者要对时政问题进行分析，提出相应的解决问题的主张和建议，是为对策。对策要封好交给皇帝亲自拆阅，评定高下，然后授官职。察举作为一种制度，是在汉武帝时期确立下来的。察举分为举贤良,举孝廉及茂才（秀才）三种。

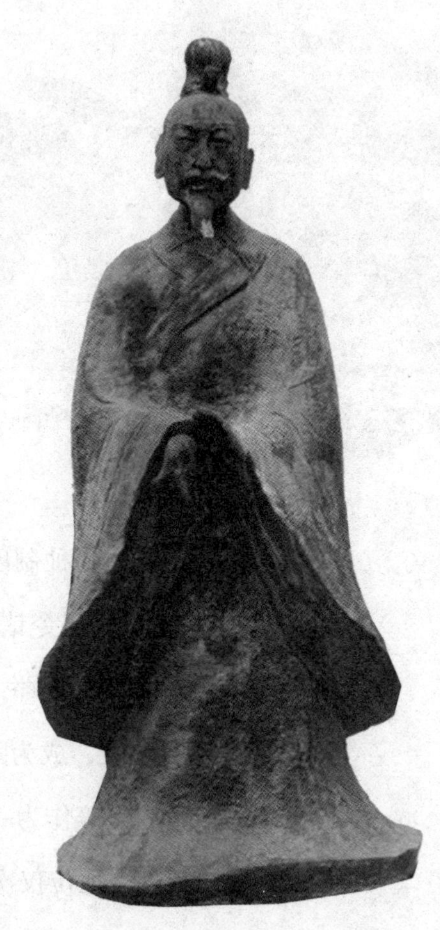

建元元年（前 140 年）冬，武帝诏“举贤良方正直言极谏之士”。董仲舒就是在这次贤良对策中被列为上第的。其后汉武帝接受董仲舒的建议，于元光元年（前 134 年）冬，令郡国各举“孝廉”一人，

察举正式成为一种制度。元封四年（前107年）汉武帝又令诸州岁各举“秀才”一人。自此，每年州举“秀才”，郡举“孝廉”，历代沿袭，成为固定的选士制度。

征辟。征辟作为一种自上而下选任官吏的制度，地位仅次于察举，主要包括皇帝征聘和公府、州郡辟除两种方式。武帝以前就曾征召有才干的人为朝廷效力，汉武帝大大发展了这一选拔人才的方式。

所谓征辟，是指皇帝有时采取聘召的方式，选拔一些名士，或备以顾问，或委以政事。征士自古已有，汉高祖晚年曾颁布求贤诏书，此后相沿成例。皇帝的征聘，是汉代最为尊荣的仕进之途，凡被征者皆为“征君”。对于德高望重的老年学者，朝廷往往给予特别优待，以安车蒲轮相迎；次一等的，则用公车；而一般被征之士均需自备马车以赴朝廷就职。在征君前往京城的途中，有时皇帝还特别诏令沿途地方官供以酒食招待。当征君返回时，也享受同样的待遇。征君来去自由，朝廷只可督促，却不能强迫，而且应征以后，其地位也要高于一般的臣僚，皇帝待之以宾客之礼。

一般来说，征聘总是针对个别人进

行，只有在西汉平帝时期，王莽当政，广为征召天下精通天文、历算、音律、小学、方术等各种学问的学者进京，人数多达几千人，这样大的规模在历史上是十分罕见的。

在汉代，皇帝的征聘往往是在私人举荐的配合下进行的，上至公卿、将军，下至郡守、县令，甚至还有普通百姓，他们都可以以私人名义向朝廷举荐人才，既有各人上书表鉴，也有数人联名合荐，还包括毛遂自荐。被荐者在被征入京师后，皇帝视其能力以拜授官职。

“辟除”，又作“辟举”“辟署”“辟召”等。是汉代高级官员自行任用属吏的一种制度。汉代辟除官吏有两种，即中央

的公府辟除和地方的州郡辟除。

公府辟除主要是指由三公以及太傅、大将军府所进行的任用属吏的情况，而其中以丞相之权为最大。公府辟除后，经过试用，对有才能者或举荐或察举，使之出补中央官职或外长州郡，所以公府的属吏虽位卑而权重，出仕升迁一般都比较迅速。此外九卿及其他中央官长虽然也可自行辟除，但与公府相比，则远非时人所重。

汉代的地方州郡长官亦具有辟除之权。早在西汉初年,郡守即可以自除掾属,

甚至连职位的设置都可以酌加变更，州的辟除出现于西汉后期。东汉以后，刺史成为地方最高行政长官，辟除之权则变得相当之大。他们自辟佐吏，并通过推荐或察举，使之进入中央任职，或为地方长官。

不论是公府辟除，还是州郡辟除，一般来说，对被辟除者的资历都不加限制，只看才学，为官为民者皆有，而且去留自便，是当时比较自由的仕宦途径。辟除之后，主官即当加以重用，否则，有气节之士可以辞去，对于不应召者也不能加以强迫，否则在舆论上要受到非议。

从上述内容可以看出，征辟是汉朝封建统治者为搜罗人才，以加强统治而采取的特别措施，尽管由此入仕的数量不多，但通过皇帝征聘和高官辟除的方式给予应征者以特殊礼遇，可以使一些本不愿为官的硕学名儒加入到封建统治阶层中来，而且统治者也可以借此沽得求贤之名。所以征辟作为对察举制的补充，它和察举一起构成了汉代选官制度的总体。

学校培养。通过学校培养而选拔官吏的制度是武帝时正式建立的。太学（国立大学）设五经博士，博士教授的学生分两部分，一部分是由太常选送的；另一部分由地方郡国选送。学生毕业后，按学习成绩优劣分配到有关机构工作。这一制度在武帝时规模不大，但发展到后来规模逐渐扩大，对政治生活、文化生活影响巨大。

任子制。任子制是关于任二千石以上的高级官员子弟为郎的规定。二千石以上的高官不仅可任子为郎，并且还规定，任职满三年同母的兄弟及儿子也可为郎。这一制度武帝时还实行着。如苏武，因其父苏建从大将军卫青击匈奴有功，封平陵侯，后为代郡太守，苏武兄弟三人“并为郎”。再如霍光因其兄霍去病任为郎。事实证明，任子制也可选拔出优秀人才。如苏武、霍光都是当时杰出的人才。

訾选。这是根据家庭财产多少而实

行的选官制度。景帝后元二年(前142年)下诏书说:“现在家产十万以上纳十算算赋的人才能选官，清廉的士人当官不用那么多的家产。有市籍的商人家中财产多也不能当官，家中资产少于十万的也不能当官，朕很可怜和同情他们。于是规定家产四万纳四算算赋的人就可以当官。”这就是说，在景帝这道诏令之前，只有家产达到十万，才能被选拔当官，

按文景时的情况，十万钱恰是一个中等人家的家产。这一诏令之后，家产降至四万就可以选拔为官，使得一些家境较为贫寒的人也可以做官，可以说是一种社会的进步。如桑弘羊，出生于洛阳富商家庭，13岁即为侍中，也就是武帝即位的建元元年(前140年)。他是如何当上侍中的呢?有的学者认为他就是通过“纳訾”入仕的，最后做到御史大夫。卜式也是一位“纳訾”入官的典型。

（二）中外朝制度

西汉初期，丞相位尊权重。至景帝时，相权由丞相独立拥有，权力很大，有很强的独立性。《汉书·百官公卿表》记："丞相、相国，皆秦官，金印紫绶，掌丞天子助理万机。"在选用官吏、诛讨百官、主持郡国上计以及总领百官朝仪与奏事等诸方面都有权力。这一时期，丞相总行相权，地位显赫，丞相的职责无所不包，名实大致相符。但是，这种情况是与皇权专制制度相抵触的。从一开始，皇帝就对相权心存顾虑，时刻提防潜在的威胁，努力使相权处于从属地位。秦朝时已经通过设左、右丞相和御史大夫的方式对相权进行分散和制衡。汉初，连对刘邦一片忠心的萧何也未逃脱被猜忌的命运。因此，随着政治局势的稳定和封建专制制度的发展，如此集中的相权必然要被分散和转移，皇权必然要加强对

它的控制。这种显著变化是从汉武帝时开始的。汉武帝加强中央集权着重在中央政权内部强化皇帝个人的权力。在削弱外朝相权变更宰相制度上，武帝从控制丞相人选和丞相职权两方面入手。一方面，选布衣公孙弘为相，从此之后，宰相必封侯。这是汉朝政治制度的一大转变。这就是说，自武帝时开始，做了宰相就可以封侯，而不像过去那样先为有功列侯，而后才能拜相。这说明武帝为了削弱相权，提高皇权，已经改变了常规，在不受资望、能力、阶级等条件拘束的情况下，选用自己认为满意，易于

控制的人充任相职。另一方面，丞相职权从武帝开始也逐渐减轻、分流，变得越来越小。如丞相原有的监察郡国长吏之权也为武帝直接派遣的十三州刺史和司隶校尉所取代。

汉代中央官制最大的一个变化就是汉武帝时期中外朝的出现。中朝也称内朝，是汉武帝刘彻为削弱三公（即丞相、太尉和御史大夫）权力而设制。外朝又称外廷，是以丞相为首的三公九卿组成的行政办事机构。汉初，丞相掌朝政，太尉掌管全国军事，御史大夫掌管百官。皇帝只在朝会上对重大朝政做批示。后来，汉朝撤去了太尉一职。汉武帝为了中央集权才设置了中外朝，由中朝对文

武百官发号施令。中朝由皇帝的亲信、内侍组成，直接对皇帝负责，这是中央集权的一种手段。

中朝官员主要来自于郎中令。武帝太初改制时，将郎中令更名为光禄勋。此官类似皇帝办公厅主任兼宫廷卫戍长官；此官下属设置有：其一，“掌论议”的大夫、中大夫和谏大夫。其二，郎。有议郎、中郎、侍郎、郎中。另外一个选拔内朝官的机构是少府。其职责是掌管山海池泽，供皇室生活。即供养皇帝的长官，相当于皇室的后勤处长。从这两个机构中选拔出来的中朝官员又可以分成以下两种：一是武帝的左右亲信。这些亲信一部分是从郎中令的下属官员中选出来的。如严助、朱买臣、司马相如、主父偃、严安、东方朔等等。这些人中，严助先为中大夫、会稽太守，后留“侍中”。朱买臣也是先为中大夫，后与严助同为侍中，后又为会稽太守。其后犯法免官，又为丞相长史、侍中。主父偃，先为郎中令、谒者、中郎、中大夫，随后为齐王相。主父偃与严安都曾为郎中，后来严安为骑马令，主管天子骑马。司马相如，景帝时“以訾为郎”，后为成都富人，武帝时又为郎。东方朔，先后为常侍郎、太中大夫、给事中、中郎等。

这些皇帝左右的亲信，往往还加有侍中、常侍、给事中、散骑等头衔参与国事的商议。这些头衔是汉代的加官，

是在原来的官职之外加的官衔，这样可以出入禁宫，与皇帝接近。侍中，是秦官，是皇帝左右的亲信人员。最初主要是服侍皇帝的生活，如便壶、痰盂、舆服等事务。后来逐渐发展为顾问议论朝政大事和受皇帝派遣为特使处理边防等特殊事务；中常侍，也是秦官。西汉时期沿用，也是一种加官。与侍中可以一起出入宫廷。由上至列侯、卿大夫，下至郎中的官吏兼任。到了东汉时期才有宦官专门任此职；给事中，也是加官。所加者为大夫、博士、议郎，主要是执掌顾问应对，

地位在中常侍以下。

除上述文臣亲信外，武帝还有武将亲信。如卫青曾先后为建章宫监、侍中、太中大夫、车骑将军、大将军。再如霍去病，“少而侍中”，后为骠骑将军、大司马。他们也作为皇帝亲信与皇帝关系非常密切，参与机要大事的商定。

中朝的另一种表现形式，就是处理日常行政事务的尚书台与中书令的出现。尚书的官名，最早见于秦朝。其实战国时期已经有此官了，但只是负责文书的小吏。秦时的尚书是由战国时期的主书或掌书发展而来的。按照秦制，尚书属于少府，并且有尚书令、尚书仆射、尚书

丞及左右曹诸吏，已经初步形成了自己的办事机构。尚书包括四人，负责文书收发。其地位并不重要，各种事务都由丞相决定，尚书只是皇帝与丞相之间的转达站。汉武帝时，为了削弱相权，强化君权，就更多地利用了尚书这个机构。并且任用宦官为尚书，这就是中书。尚书（或中书)是皇帝的近侍,办事又日益增多，自然是日益重要。汉武帝是个有雄才大略的皇帝，他扩大了尚书的权力，让其处理国家行政事务,代替部分相权。可是，他虽然把丞相的权力收回了宫廷，却不下放，这些身边的近侍只有参与权，却无决策权。所以武帝时期的中书地位仍得不到尊崇。司马迁曾任过中书令，他在写给友人任安的信中说：“今已亏形为扫除之隶。”意思是说虽为中书令，但地位还是很低下的。

武帝时期尚书台长官为尚书令，次官称丞。张汤的儿子张安世曾因为写字好、记忆力强被武帝任为中书令。武帝以后，随着君权的发展和皇帝个人能力的减弱，尚书的职权逐渐增大。如汉元帝时任石显为中书令，石显内外结党，权力愈大，政事皆由他决定，朝廷上下

对他恭敬有加。

总之，武帝时出现的中朝由两部分人组成：一部分是尚书台有关人员，负责收发、保管、评议有关机要文书，分类整理提出的意见，供皇帝使用，审决后交执行机构办理。另一部分是武帝从郎、大夫、公卿中选出的，并通过加官侍中、给事中、中常侍等称号形成的亲信左右，这部分人的职责是出纳王命，通过诘难丞相等公卿大臣和直接被委派为使臣处理有关问题，贯彻武帝意图。总之，中朝的设置大大加强了专制主义

皇权对国家各方面的控制。

随着中朝的出现，以丞相为首的外朝地位逐步下降。公孙弘为丞相后，李蔡、庄青翟、赵周、石庆、公孙贺、刘屈氂相继为丞相。自李蔡至石庆，丞相府不比往日，至公孙贺、刘屈氂时，丞相府客馆已坏为马厩、车库、奴婢室。这说明武帝时，丞相的地位已大大下降，后经西汉后期至东汉的发展，中朝逐步取代了以丞相为首的外朝职权。

成帝时建三公官，这是君权与相权矛盾进一步发展的结果。以前由丞相总理政务的中央政府，一变而成为由司徒、

司马、司空三公分权的中央政府。将统一的丞相权力一分为三。三公互不统辖，于是中央政府的权力自然总归于皇帝。但皇帝不论怎样专制，总不能揽尽天下大事，加上皇帝个人能力的低下，而天下大事又必须由他决断，因此就不得不委政于近侍——尚书。

随着尚书职权的扩大，尚书的名额也必然增多。成帝时置尚书五人，一人为仆射，四人分四曹。正式组成宫廷内的政治机构。这五名尚书职权范围非常广泛，从中央到地方、从官府到民间所有的事都管到了。不过此时的尚书还仅限于章奏及封奏以上传下达，只是已经多少干预了某些政务。

尚书台正式成为总理国家政务的中心是在东汉时代。光武帝刘秀鉴于王莽篡汉，不信任大臣，所以大权独揽。他虽然也组织了以三公为首、九卿分职的中央政府。但实际上国家大权全部集中在宫廷，即集中在尚书台。尚书虽然仍属少府，但实际上已经从中央政府的组织中分离出来，一变而成为直接隶属于皇帝的尚书台。自此之后，一直到东汉

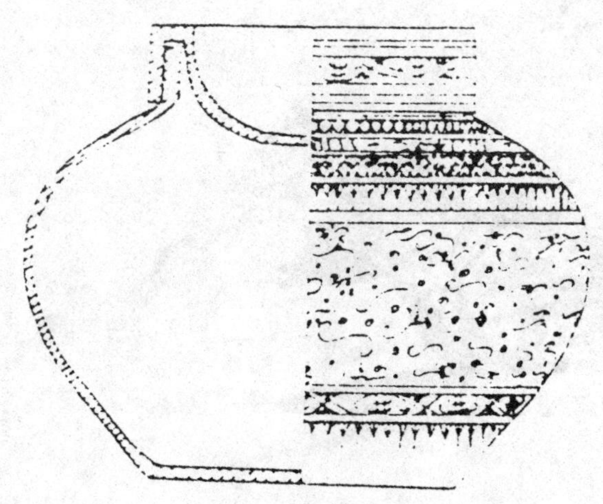

末，尚书台是当时国家的最高权力机关。尚书的权威与日俱增。尚书职权的变化，可以通过以下过程体现出来：尚书职权最初只是在殿中负责收发文书，起上传下达的作用，没有什么政治权力。皇帝下达章程往往要通过丞相、御史。武帝以后，尚书的职权有所变化。由“通章奏”到“拆阅章奏”，进而“决策章奏”，甚至直接“下达章奏”了，开始慢慢侵夺中央政府的职权。例如，选举、考课、任用官吏之权，武帝以前本在丞相和御史二府，但汉武帝以后人事权就转归尚

书了。卫宏在《汉旧仪》中说道："汉制规定，六百石以上官吏的调迁权在于尚书，四百石至两百石的人事权在于丞相。"可见，选举地方官吏之权，尚书竟在丞相之上。

尚书不仅掌握官吏的任用权，还可以掌握刑狱诛赏的大权。尚书可以质问大臣，并可以因为大臣出言不善而弹劾大臣。有时不直接责问大臣，而是责问他的僚属。总之，两汉的尚书，特别是东汉的尚书，可以说是包揽一切，无所不统。不仅原来丞相、御史的职权转归

尚书，连九卿之职也逐渐为尚书诸曹所管。尚书有这些职权，反过来容易作威作福，这在西汉时期，有时就可以压服丞相了。到了东汉，其权势更是凌驾于三公之上。

尚书台的组织开始较小。后来随着尚书权力的提高，尚书台的机构也日益扩大。至东汉渐具规模，俨然成为一个小型的中央政府。尚书台由尚书令、尚书仆射、尚书曹组成。尚书令是尚书台的长官，自秦已有，属九卿少府，不过六百石之官。武帝时用宦官任尚书令，所以也称为中书谒者令，简称中书令。如用士人还称尚书令，武帝以后成帝之前，此职或用宦者，或用士人，所以有人怀疑尚书令与中书令是两个官职。但是，如果按照秦汉称宦官均为中官，所以凡是宦官兼任的官，都要加个“中”字。如赵高为丞相，则曰“中丞相”。因此，宦官任尚书，则称为“中书”。由此，尚书即中书，二者为一官。尚书令之下有尚书仆射，也可以认为是副尚书令。此官

秦时也已经存在了,汉朝沿袭之。宣帝时,宦官主事,弘恭为中书令,石显为仆射。成帝时,置尚书五人,一人为仆射,仆射负责文书的启封。尚书令不在的情况下,仆射代行其权。尚书仆射秩六百石,如果是三公任仆射,则为两千石了。仆射的权力大小以及是否管事,完全因人而异。

从有关尚书仆射的记载来看,尚书仆射可以弹劾尚书令的意见,尚书令的奏议,仆射也能反驳。另外,仆射履行着监察和谏诤的职责。甚至类似后来唐朝的谏官。如,顺帝打算立皇后时,尚书仆射胡光上疏说道:“我的官职是拾

遗，责任重大，所以焦虑担忧，现在冒昧想听皇帝您的想法。”拾遗作为官名，是唐代的事。但拾遗有诤谏之意，从汉代就已经开始了。

尚书曹也是尚书台的重要成员。尚书分曹有一个发展过程。秦朝时已有左右曹诸吏，但没有一定的职事。自武帝以后至成帝，诸曹成立，开始为四曹，成帝时加一曹为五曹。至东汉光武帝时期则增加到六曹。其曹名、职务前后有所变化。东汉这六曹及其职务为：三公

曹，主管地方官员的考察；二千石曹，主管刑法；吏曹，掌管官员的选举和任用；民曹，接收官员和民众上奏皇帝的奏折；中都官曹，掌管水火及贼盗；客曹，主管少数民族事务。每曹设尚书一人，秩六百石，下辖侍郎六人，令史三人。各曹位于皇宫的范围内，日夜有人值班，还不断有武装的禁卫巡逻。

这六曹尚书以后即发展为吏、户、礼、兵、刑、工这六部尚书。于唐时形成，以后各朝延续发展完善。于此，六曹尚书与尚书令、尚书仆射共八人，谓之“八座”。“八座”之外，还有左、右丞各一人；尚书郎三十六人，掌管文书起草；令史十八人，每曹三人，主管文书；

这样，以尚书令为首的机构，在东汉猛增至六十四人，其规模较西汉时扩大了。同时，尚书在接收和起草文件方面就起到了关键的作用，甚至可以影响政策的制定。由于可以接近皇帝或他的代理人，尚书的成员可以不顾他正式的上级少府。“事实上，他们终于形成可以与三公的权力相抗衡的皇帝的内阁。谁掌握了尚书的权威，谁就自然而然地可以相当严密地（虽然不是全面地）控制中央政府。”

尚书台的职权已超越三公，但是终两汉之世，尚书仍为少府的属吏。而少府为九卿之一，九卿又分属三公。如此以

来，尚书在名义上还是三公的下属。这样矛盾就出现了，即三公不仅不能指挥下属，反而还受制于下属。为了解决这一矛盾，于是就有了所谓的领、平、视、录尚书。即由中央高级官吏，外加“领尚书事”“平尚书事”“视尚书事”“录尚书事”等官衔来监管或主持尚书台的工作。领、平、视、录尚书事并不一定是尚书令，皇帝在尚书台的亲信、代理人等都可以加这些官衔。这样，中央高级官吏既能保持本职，又可以参与枢密。如昭帝时霍光以大将军“领尚书事”；宣帝时，张安世曾以大司马车骑将军“领尚书事”等等。领尚书的大臣自然权力扩大。就拿霍光来说，处理尚书台文件时听取尚书台有关官吏谋议后，最后再由他决定，然后才能付诸执行，实际是代皇帝行使职权。

总之，两汉的尚书台，其职权十分重要。它的组织规模也很大，是天子的喉舌。在名义上虽为宫廷近侍，但实际上就是中央政府的总枢。两汉的皇帝就是利用这个组织，把中央政权从以丞相为首的权力组织手中过渡到自己的宫廷内部。皇帝个人大权在武帝以后日益加强，但是皇帝一人不可能揽尽天下所有大事，即使再有能力的君主也要委任于身边的人做助手，尤其是皇帝幼小或无能之时。那么此时，也就是皇帝近侍窃弄权柄的时候了。如西汉昭帝时，霍光权倾朝野;元帝时，宦官弘恭、石显擅权;成帝后，政权落入外戚王氏之手；东汉和帝以后，更是形成外戚、宦官交替专权的局面。皇帝成为外戚、宦官争权夺利的工具和桥梁。

四、削弱相权

（一）布衣公孙弘之"无爵而侯"

汉武帝在位五十四年，一共用了十三位丞相，其中三个丞相自杀，三个丞相被杀，所以在汉武帝朝做官的人都深深知道，伴君如伴虎，庙堂之上处处充满了杀机。因此在汉武帝后期，每在其任命一个大臣做丞相的时候，这位大臣就趴在地上痛哭流涕，叩头求饶，不愿意做丞相，好像做丞相就像上刑场一

样。然而公孙弘却非常例外。公孙弘在60岁的时候，凭借着自己是远近闻名的大孝子和精通西汉时期的显学《公羊春秋》，终于登上了西汉政治舞台。公孙弘能够在60岁的时候走上政治舞台，他无疑是幸运的，然而更加神奇的是，在70岁的时候，以自己伟岸的容貌再次获得了汉武帝的认可。据《史记》记载，公孙弘于公元前126年，被任命为御史大夫，公元前124年又被提拔为丞相，并以80高龄死在丞相位上，那么公孙弘究竟是怎样的一个人呢？

公孙弘是中国历史上以布衣封侯拜相的第一人。是武帝时的第六位丞相，从元朔五年十一月到元狩二年三月，为丞相共二年零四个月。公孙弘，齐地菑川国薛县人，少时为薛县狱吏，因有罪被免官。四十余岁时，学《春秋》杂说。建元元年，武帝即位，招贤良文学对策。公孙弘被征贤良为博士，后来奉命出使匈奴，回来后向武帝汇报，武帝很是不满，认为他无能，于是就免了公孙弘的官。武帝元光五年,菑川国又推荐公孙弘，太常命对所征儒士进行对策。公孙弘的对策让武帝眼前一亮，单独召见后封他为博士。公孙弘为人雄伟奇异，见闻广博，经常说人主的毛病在于心胸不广大，人臣的毛病在于不节俭。公孙弘盖布被，吃饭时不吃两种以上的肉菜。他每次上朝同大家议论政事，总是先开头陈述种种事情，让皇上自己去选择决定，不肯当面驳斥或在朝廷上争论。于是皇上发现他的品行忠厚、善于言谈、熟悉文书法令和官场事务，而且还能用儒学观点加以文饰，便非常喜欢他。在两年之内，他便官至左内史。他曾经和汲黯请求皇上分别召见他们，汲黯先向皇上提出问题，公孙弘则随后把问题阐述得清清楚楚，皇上常常很高兴。他所说的事情都被采纳，从此，公孙弘一天比一天受到

皇帝的亲近，地位逐渐显贵起来。他曾经与公卿们事先约定好了要向皇帝谈论的问题，到了皇上面前，他却违背约定，顺从皇上的意旨。汲黯在朝廷上责备公孙弘说：“齐地之人多半都欺诈而无真情，他开始时同我们一起提出这个建议，现在全都违背了，不忠诚。”皇上问公孙弘，公孙弘谢罪说：“了解我的人认为我忠诚，不了解我的人认为我不忠诚。”皇上赞同公孙弘的说法。皇上身边的受宠之臣每每诋毁公孙弘，皇上却越发厚待公孙弘。

公孙弘为人猜疑忌恨，虽然外表宽宏大量，内心却城府很深。那些曾经同公孙弘有仇怨的人，公孙弘虽然表面与他们相处很好，暗中却嫁祸于人予以报复。如杀死主父偃，把董仲舒改派到胶西国当相的事，都是公孙弘的主意。然而他每顿饭只吃一个肉菜和粗米饭，老朋友和他喜欢的门客，都靠他供给衣食，公孙弘的俸禄都用来供给他们，家中没有余财。士人都因为这个缘故认为他贤明。

淮南王和衡山王谋反时，公孙弘病得很厉害，他自己认为如今诸侯有反叛朝廷的阴谋，这都是宰相工作不称职的结果。于是，他向皇帝上书说："现在陛下亲行大孝，以三王为借鉴，建立起像周代那样的治国之道，兼备文王和武王的才德，鼓励贤才，根据才能授予官职。如今我的才质低劣，陛下却把我从行伍之间提拔起来，封为列侯，把我置于三公的地位。我恐怕无法报答陛下的恩德。我希望交回侯印，辞官归家，给贤者让路。"但武帝劝服了他，还赐给他牛、酒和各种布帛。过了几个月，公孙弘的病情大为好转，就上朝办理政事了。武帝元狩二年，公孙弘旧病复发，最终以丞相的身份死去。

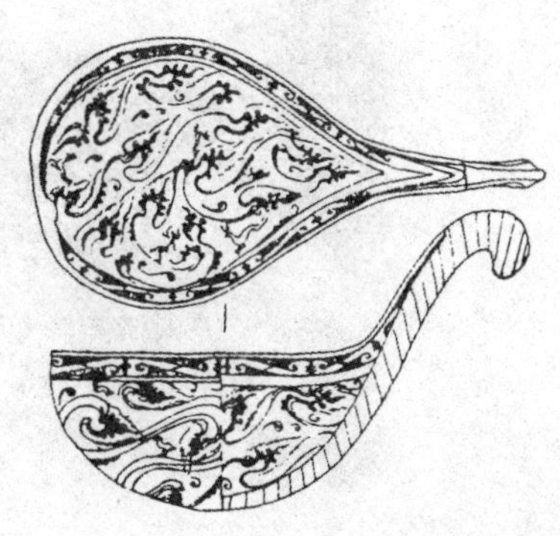

（二）如履薄冰的丞相们

武帝时期，中外朝制度形成以后，以丞相为首的三公九卿集团的权力受到了很大削弱，中央集权大大加强。《汉书》中有这样一段话："自蔡至庆，丞相府客馆丘虚而已，至贺、屈氂时坏以为马厩车库奴婢室矣。唯庆以敦谨，复终相位，其余尽伏诛云。"丞相府的客馆，后来竟然都坏得被当做了马厩、车库或者奴婢住的房子。

武帝时，九卿可以不经过丞相直接向皇帝奏事，亦见丞相权力大减（在此之前百官向皇帝奏事必须经过丞相）。终武帝之世，共任用了十三位丞相，他们是：

卫绾、窦婴、许昌、田蚡、薛泽、公孙弘、李蔡、庄青翟、赵周、石庆、公孙贺、刘屈氂、田千秋，其中自杀的自杀，被处死的被处死，能得以善终的也只是几个没有什么作为的人，下面逐一介绍一下这些丞相。

1. 建陵侯卫绾。卫绾在文帝时为中郎将。景帝时，吴楚反叛，发动七国之乱，卫绾以将兵与吴楚联军作战有功而拜为中尉，后因有军功而封侯。第二年，景帝废太子，立刘彻为太子，卫绾被封为太子太傅，迁为御史大夫。景帝后元年开始任丞相，景帝死后，武帝即位，卫绾也就成了汉武时期的第一任丞相。建元元年（前 140 年）十月，也就是汉武

帝刚即位时，就下诏让丞相、御史、列侯、中二千石、二千石、诸侯相举贤良方正直言进谏的贤者，由皇帝亲自考试。这次共有百余人参加，其中董仲舒被当时的学者们尊为师长。而后丞相卫绾上奏道："所推举的贤良中，有人研究申不害、商鞅、韩非、苏秦、张仪的言论学说，扰乱了国家的政务，请把他们罢免了。"武帝同意了。在这一年的六月，他因病被免去职务。卫绾是个具有多方面才能的智者，精通儒学和文学。可是由于他年事已高，无为而治，曾经在景帝生病期间使得一些无辜的人冤死狱中，所以武帝早就不满意了。等到他病了，武帝马上就批准他还乡，把他给撤职了。

2. 魏其侯窦婴。窦婴是孝文皇后窦氏从兄的儿子。与卫绾一样，在平定吴楚七国之乱中立功，被封魏其侯，景帝四年，作为栗太子的太子太傅，三年后，栗太子被废。刘彻被立为太子后，窦婴为太子太傅。到了卫绾因病辞官后，窦婴得以代卫绾为丞相，成为武帝时期的第二个丞相。武帝好儒术，窦婴也是，所以两人合作的初期是很愉快的。一起办了不少事情。

可惜，武帝的奶奶窦太皇太后喜好黄老学说，而窦婴、田蚡、御史大夫赵

绾、郎中令王臧等都推举儒术，而漠视黄老之道，所以窦太皇太后很不喜欢他们。建元二年，御史大夫赵绾因奏请皇帝不用对窦太皇太后奏事而惹得太皇太后大怒，于是赵绾、王臧被罢官治罪，先后自杀。窦婴和田蚡也分别被免除了丞相和太尉的职务。窦婴上任还不到一年，就被赶下来了。

窦婴自从得罪窦太皇太后以后，就一直不得志，所以基本上没什么人来拜见他。只有灌夫经常去看望他，两人相为引重，有种相知恨晚的感觉。一次，丞相武安侯田蚡答应灌夫翌日去窦婴家做客，窦婴等人连夜打扫准备，可是到

了灌夫去请的时候，田蚡却还在睡觉，说自己头一天喝醉了，忘记了。等到了宴席上，又很傲慢，很让灌夫不满。田蚡又希望能得到窦婴在城南的土地，便派籍福去请求，窦婴曰："老仆虽然已经被贬职了，将军虽然高贵，难道就可以仗势抢夺我的土地吗？"灌夫听说后便大骂籍福，就这样他们被田蚡深深怨恨。

后来，田蚡娶燕王女为夫人，太后（景帝王皇后）下诏让群臣都去祝贺，在宴席上，灌夫在田蚡、籍福诱导下因言语行为不得当，获死罪。窦婴为救灌夫而与田蚡争论于朝堂之上。武帝派御史

簿指责窦婴，窦婴情急之下，想起当初景帝遗诏，曰“事有不便，以便宜论上”。于是派人把遗诏送给皇帝。可是武帝一查，尚书台并没有记载景帝驾崩时下过这样的遗诏，认为是窦婴家臣印封的。就这样，在元光四年十二月，窦婴因伪诏而被斩首。

3. 柏至侯许昌。许昌接任窦婴做了丞相。许昌因为是窦太后所任命的，所以也事事都听从太后的指示，没什么作为。到了建元六年，窦太后崩，丞相许昌、太尉庄青翟因“坐丧事不办”，而被武帝免职。

4. 武安侯田蚡。田蚡是王太后（武帝母亲）的弟弟。当初做太尉被免职后，由于自己是皇帝的舅舅，所以，每天拜见他的官员比以往还多（昔日拜见窦婴的也都转过来拜见他了）。等到许昌被免，他便顺利坐上丞相的位置。

做了丞相后，田蚡愈发骄横，建造的住宅比任何大臣的都好，家中金子、古玉、美女、犬马、珍贵玩物都多得数不清。每次上朝奏事，他都坐着说大半天，皇帝也都听信他的话，他推荐人做官，有的直接就做两千石的大官，权力快要比皇帝大了。武帝就问他："你任命完了吗？我也要任命官吏了。"他又请求把考

工官署的土地拨给他扩建住宅，武帝终于怒了，反问道："你怎么不干脆要武库？"此后他才稍微收敛一些。

在迫害灌夫、窦婴之后，他便病了，躺在床上大声喊着："我认罪，我认罪！"找会巫术的人来看，他仿佛看见魏其侯窦婴、灌夫在他两旁站着，准备杀他。不久田蚡便病死了。不过后来，淮南王刘安谋反败亡，武帝得知田蚡曾经接受过刘安的钱财，生气地说道："若武安侯还活着，我一定把他灭族。"

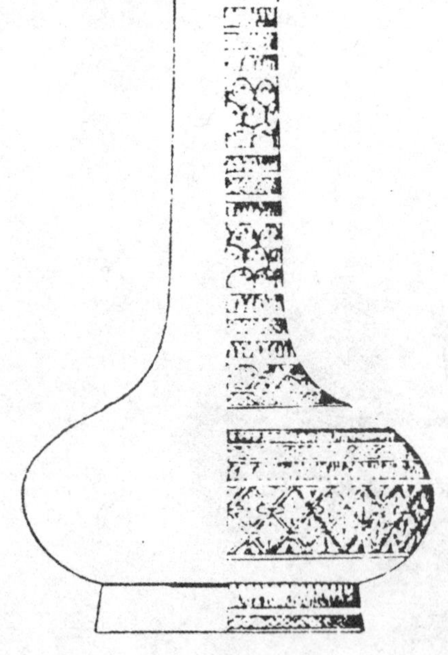

5. 平棘侯薛泽。田蚡死后，武帝让韩安国暂时行丞相事，本打算接着让安国做丞相，可是在这个时候安国却摔伤了脚，所以让薛泽捡了个便宜。元朔五年十一月初五，薛泽被免职，在职几年也没什么表现。不过同样，他没做什么事情，所以也没遭到大难。比起那些自杀或斩首的人来说，已经幸运多了。

6. 平津侯公孙弘，武帝初即位时广

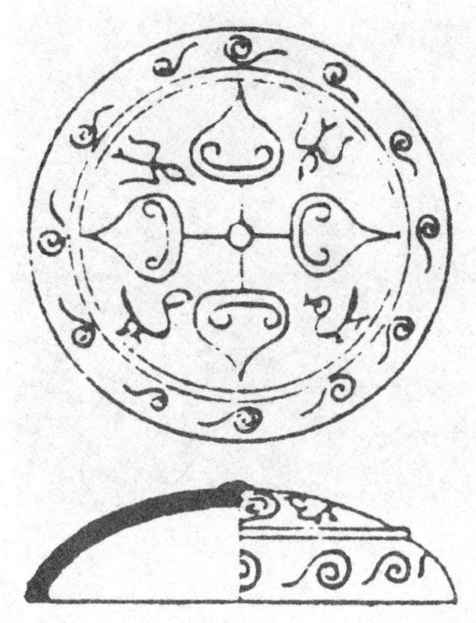

招贤良，当时60岁的公孙弘被征为博士。出使匈奴，回来汇报，但不合皇帝的心意，以为他没什么能耐，他便称病辞职回家。元光五年，武帝又征贤良文学之士，菑川国又把公孙弘推荐上来。武帝下诏书与诸儒数百人回文应对，他的文章让武帝甚是欣赏，于是列为第一。又见他容貌甚丽，便拜为博士。数年后迁为御史大夫，任期中屡次劝谏，在关于为什么位列三公还用布被的质问中应对得体，武帝认为他谦逊贤德。每次上朝，他都只是陈述事实大概，从不在朝廷上争执，武帝看他谨慎厚道、熟悉政事，又有正统的儒道思想，很欣赏他，于是他日益显贵。

元朔五年，薛泽因事免职，他便做了丞相。在此前，凡是做丞相的都是侯爵。可公孙弘还没有爵位，于是武帝下诏封他为平津侯。丞相加封侯爵，就是从他开始的。

他做了六年御史六年丞相，到了80岁，死在丞相位上。他之后李蔡、庄青翟、赵周、石庆、公孙贺、刘屈氂接踵为丞相。自蔡至庆，丞相府客馆都如同虚设，到了公孙贺、刘屈氂时已经破烂残败到让人以为是马厩车库或者奴婢的屋子了。之后的六个丞相里只有石庆由于敦厚恭谨，也老死在相位上，其余皆被诛杀。

7. 乐安侯李蔡。李蔡是飞将军李广的从弟，景帝的时候就积功至两千石。武帝元朔年间，他作为轻车将军，跟随大将军攻击右贤王，有战功，被封为乐安侯。元狩二年，他由御史大夫之位迁为丞相。李蔡为人很普通，名声比他从兄李广相差甚远。然而李广没有得到封爵，官位也不过九卿，而他却做了丞相。

李蔡在任职的第四年，即元狩五年，也就是李广自杀后的一年，因侵占了景帝陵园前大道两旁的空地来埋葬家人而获罪，他不愿意被审判，便也自杀了。

8. 武强侯庄青翟。庄青翟本为太子少傅，丞相李蔡畏罪在狱中自杀后，元狩六年夏四月，庄青翟被任命为丞相。庄青翟这个人，史书记载亦不多。丞相三长史朱买臣、王朝、边通向来很恨御史大夫张汤，于是与庄青翟合谋向武帝告张汤与商人串通，以分财物。武帝问张汤，张汤却假装不知道，这时正好又有人告张汤诬告御史中丞李文，武帝认为张汤“怀诈面欺”，就派人责问张汤，于是张汤写下了“陷臣者，三长史也”，就自杀了。张汤死后，家产还不够五百金，而张汤的儿子想要厚葬张汤，张汤的母亲便说：“汤为天子大臣，被污恶言而死，何厚葬乎！”武帝听了这事后，就将三长史斩首，接着又将丞相庄青翟下狱，庄青翟在狱中自杀。

9. 高陵侯赵周。赵周是楚太傅赵夷吾的儿子。楚王刘戊、赵王刘遂反叛时，楚丞相张尚、太傅赵夷吾和赵丞相建德、

内史王悍四人不肯相从，被杀。所以景帝为此四人的儿子封侯，赵周就是在这时候被封为高陵侯的。后来，赵周被任命为太子太傅，元鼎二年，被封为丞相。元鼎五年，做了三年丞相的赵周以“明知列侯所献的黄金成色不好或重量不足却不上报”之罪下狱，在狱中自杀。

10.牧丘侯石庆。石庆是万石君之子。元鼎二年二月，赵周被封为丞相，同年三月，同为太子太傅的石庆被封为御史大夫，赵周死后，石庆接替他坐了丞相，同时被封为牧丘侯。当时，汉王朝南诛两越，东击朝鲜，北逐匈奴，西伐大宛，处于多事之秋。武帝巡狩海内，修建上古神祠，又封禅，兼兴礼乐。又有桑弘羊等致力于开辟财利，王温舒等人推行

严峻法制，桓宽等推崇文学，都位至九卿，相继执掌大权。而石庆为人敦厚谨慎，事事都不取决于丞相。所以石庆在丞相位九年，也没有什么匡时济世的言论。元封四年，关东流民有二百万口，其中没有户籍的达四十万，公卿商议想请武帝迁徙流民去谪边，而武帝认为石庆老谨，不愿同他商量，而让御史大夫以下商议此事。石庆惭愧，认为自己不称职，请求辞官。但是武帝给他的回信使他觉得羞愧，于是又继续做丞相，就这样石庆又做了三年敦谨的丞相，最后死在丞相位上，被谥为恬侯。

11. 葛绎侯公孙贺。景帝时，公孙贺为陇西守，因破吴、楚有功，被封为平曲侯。武帝为太子时，他是太子舍人。因为他的夫人是卫皇后的姐姐，所以他很受武帝宠信。曾以车骑将军的身份跟随大将军卫青出战，后因功封南帇侯。后来又以左将军出定襄，因没有战功，失了侯爵。后来又以浮沮将军从五原出兵二千余里，还是没有战功。石庆死后，公孙贺代石庆为丞相，封葛绎侯。当时朝廷多事，武帝比较严厉，从公孙弘后三个丞相因为犯罪而死。虽然石庆因为恭谨而得以终老，却也多次被皇帝谴责。所以公孙贺被拜为丞相后，跪在地上不肯接受印绶。武帝亲自起身扶他，公孙贺不得以接受了任命。公孙贺的儿子敬声，代替贺做了太仆，父子并列居于公卿位，实在是显赫。敬声因为是皇后姐姐的儿子，所以骄奢而不遵守法度，征和年间擅用北军钱一千九百万，被发觉而下狱。于是公孙贺请求追捕朱安世来赎儿子敬声的罪。朱安世是京师的大侠客，听说贺想拿自己来赎儿子，笑道:“丞相就要被灭族啦。南山上的竹子都拿来做竹简也不够让我记录他的罪过，斜谷的木头都拿来做笔也不够让我书写他的罪过。”朱安世上书，告敬声与阳石公主

私通，派人建巫祭祠诅咒皇帝，还在武帝去甘泉宫必走的马车道上埋了木偶人，这些都是诅咒的恶劣言行。征和二年正月，公孙贺父子被关进监狱，经过审讯罪名确凿，便都被诛杀了，还惨遭灭族。

12. 彭城侯刘屈氂。刘屈氂是武帝庶兄中山靖王刘胜的儿子。公孙贺死后，刘屈氂以涿郡太守的身份任左丞相，封彭城侯。巫蛊之祸中，武帝对刘屈氂已心存不满。李广利出兵匈奴时，希望刘屈氂请武帝立昌邑王为太子，昌邑王是李广利妹妹李妃的儿子，而李广利的女儿又是刘屈氂儿子的夫人，所以两人都想立昌邑王为太子。这时候，武帝正严令治理巫蛊，“内者令郭穰告丞相夫人以丞相数有谴，使巫祠社，祝诅主上，有恶言，及与贰师共祷祠，欲令昌邑王为帝”，有司调查，判为大逆不道，于是武帝下诏用厨车载刘屈氂游街，然后在东市将其腰斩，妻子被斩首在华阳街。李

广利知道这事后，就降了匈奴，后遭灭族。

13. 富民侯田千秋。田千秋，又名车千秋。太子刘据为江充所谮败后，田千秋上奏为刘据讼冤，武帝才恍然大悟，于是立即召见田千秋，他见田千秋体貌甚丽，非常欣赏他，再加上田千秋一番话，于是拜田千秋为大鸿胪。刘屈氂死后，田千秋代刘屈氂为丞相，封为富民侯。田千秋为人敦厚有智，武帝连年追查太子刘据的事，群臣都很惶恐，于是田千秋与御史、中二千石一同奏请武帝“施恩惠，缓刑罚，玩听音乐，养志和神，为天下自虞乐”，武帝认为有道理，就不再追查太子一事了，还感谢丞相、二千石等。后来武帝病重，田千秋与霍光、金日磾等人共受遗诏，辅少主即位，是为昭帝。田千秋虽为丞相，但政事都取决于大将军霍光，但田千秋还是“谨厚有重德”，所以并没有犯什么事。田千秋做了十二年丞相后病死，谥为定侯。

从以上十三位丞相来看，武帝初即位时，丞相还是有一定实权的。自从公孙弘以后，数位丞相屡屡犯事，而又无能，才导致了丞相之权渐为九卿所代。而丞相稍有不谨慎，就有被诛杀的可能，可谓是“如履薄冰”。为人谨慎的丞相，又没有实权，所以才导致了后来丞相府“坏以为马厩车库奴婢室矣”的惨状。当然，这跟汉武帝自己的雄心也有关系，像汉武帝这样的皇帝，是决不允许权力掌握在别人手中的，田蚡就是最好的例子。就这样，武帝确立了中外朝制度，一步步将丞相的权力收回，完成了自己的雄心壮志。

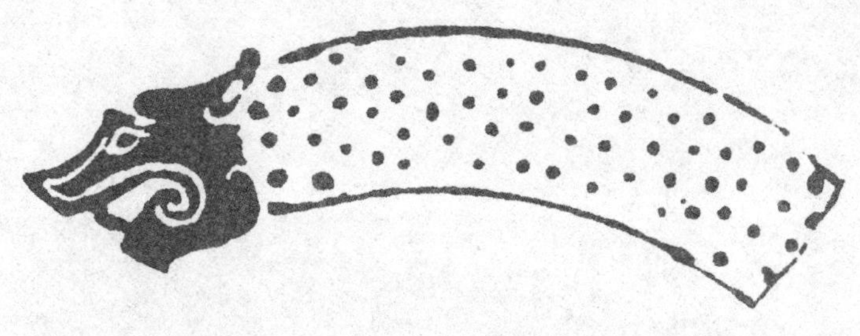

五、一代雄主的功过是非

（一）雄才大略

美国学者亨德里克·威廉·房龙曾说："对任何一件历史问题都不可能有确定的答案，每一代人都必须重新奋斗。"对汉武帝我们也要全面地给予认识和评价。汉武帝的丰功伟业可简单用"文治武功，雄才大略"八字概括，其卓越的功绩在于承前启后，独具开创性，对后世影响极为深远。

在治理国家方面他顺应时代的需要，进一步发展和完善了政治制度，调整经济政策，确立了主流统治思想，促使封建制度基本成熟和定型。

首先，加强中央对地方的管辖，消除中央与地方的矛盾对立，强化中央集权，保证政治统一。汉初高祖比较周与秦的制度，认为秦亡是因用郡县之制。因而分封同姓为王，并盟誓："非刘氏而王者，天下共击之。"随着地方势力的膨胀，分封的弊端便日益严重化。诸王在封国内有征收赋税、任免官吏、铸造钱币等政治经济大权。他们"夸州兼郡，连城数十，宫室百官，同制京师"。这样，中央的统一治理与地方的高度独立

形成尖锐的矛盾，不仅削弱了国家的整体实力，还存在战乱和分裂的危机。文帝时“众建诸侯而少其力”的软弱措施并没有收到明显的效果。景帝时，王国问题更为严重，御史大夫晁错针对当时的政治危机，提出了严厉的“削藩”主张，认为诸王“削之亦反，不削亦反。削之，其反亟，祸小。不削，反迟，祸大”，最后引发吴楚七国之乱。七国之乱的爆发和最终的平叛，是西汉王国割据势力恶性发展的结果。虽然中央免除了地方王国的行政权力，规定诸侯王不再治民，削减了王国官吏，但王国在地方的势力依旧很大，他们的存在是对中央政权的威胁。如何进一步削藩和加强中央集权统治是汉武帝所面临的迫切的政治问题。鉴于前朝的教训，为进一步削减地方王国的势力，强化皇权，巩固国家统一，汉武帝采取了一系列强干弱枝的积极措施：第一，针对地方王国诸侯，

汉武帝继续推行景帝时实行的将王国任用官吏的权力收归中央的政策，并采纳主父偃的建议“愿陛下令诸侯得推恩分子弟，以地侯之。彼人人喜得所愿，上以德施，实分其国，不削而稍弱矣”。于元朔二年（前127年）行“推恩令”，诏“诸侯王或欲推私恩分子弟邑者，令各条上，朕且临定其号名”，“于是藩国始分，而子弟毕侯矣”。通过“推恩令”，王国问题得到进一步解决。汉武帝以诸侯王和列侯的“酎金”成色不足而削夺了一大批爵位，又于元狩元年（前122年）颁布“左官律”“附益法”，更进一步限制了诸侯王在地方上的政治活动。从此以后，“诸侯惟得衣租食税，不与政事”。汉武帝通过对诸侯王的一系列削权措施，进一步打击了王国的势力，有利于西汉的政局稳定，为西汉的鼎盛繁荣奠定了稳固的政治基础。第二，面对国家广阔的疆域，为加强中央对全国范围的控制，元封五年(前106年),汉武帝把全国分为十三个监察区域,命名为十三州部,每州部设刺史一人。刺史每年八月巡视所部郡国,“省察治状,黜陟能否,断治冤狱,以六条问事”。征和四年(前89年),汉武帝置司隶校尉。司隶校尉率官徒“捕巫蛊,督大奸猾”。十三部刺史和司隶校尉的设置,加强了朝廷对地方的控制。这对国家的政局稳固,防止地方分裂势力的发展,有着重大的积极意义。

第三,对于地方的豪强势力,汉武帝也进行了有力的打击,其措施包括迁徙地方郡国豪富和打击地方豪侠。由于地方富豪大贾“交通王侯,力过吏势”,甚至“封君皆低首仰给”。他们长期盘踞地方,欺压百姓,兼并土地,干扰了中央政权对地方的控制。汉武帝先后几次迁徙郡国富豪,削弱他们在地方的势力。建元三年(前138年),徙郡国富豪至茂陵,元朔二年(前127年),“徙郡国豪杰及

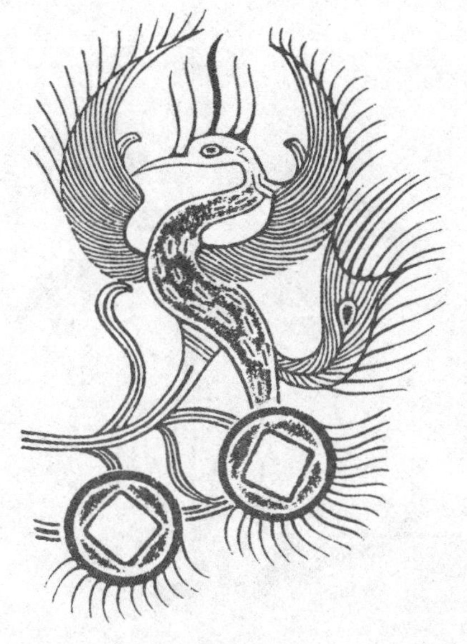

訾三百万以上于茂陵、云陵”。通过迁徙措施，有效地打击了地方势力的膨胀，加强了中央集权。

其次,完善官吏选拔制度,举“贤良”、任“能人”，对封建社会的任官制度影响重大。汉初官员主要有两个来源：一是按军功爵位高低选任各级官吏，二是选自郎官。随着列侯的没落和“任子”“訾选”难以选到真正的人才。武帝即位后，求才若渴，一方面继承了文帝的“贤良”“孝廉”选官方式，一方面加强和完善察举制度；另外还采用“征召”制“公车上书”制和选用博士弟子。汉武帝还推广在郡县兴立地方学校，“令天下郡国，皆立学校官”，有目的地培养国家所需的人才。汉武帝对察举制的加强和完善，是对汉代“訾选”和“任子”制的重大改革和调整，为社会下层有抱负的贫寒人士提供了施展才华的机会，也为封建国家选拔了一大批杰出的人才。察举

制度开启了其后历代封建国家科举考试制度的先河。汉武帝的吏制改革对我国封建文官制度的形成和发展有着重大的积极意义。

第三，改革经济管理，加强中央统一调配，增强中央政府的经济实力，巩固政治的统一。盐铁官营。汉初盐铁为私人经营，国家仅设官收税而已。这样一来经济大权旁落地方，致使大盐铁商“上争王者之利，下锢齐民之业”，而此时的汉武帝决定把冶铁、煮盐、酿酒等私营权收归中央。汉武帝当时施行的盐铁官营有多方面的好处，一方面，盐铁官营专卖作为国家的经济政策，能够大幅度地增加国家的财政收入，保证了汉武帝时庞大的军费之需，也解决了当时迫在眉睫的财政危机；同时，盐铁官营专卖又防止了豪强富商垄断盐铁生产，操纵市场，抑制了豪强兼并势力的扩张，有利于缓和社会矛盾、巩固封建统治。

另外，盐铁官营专卖可以防止贵族诸侯借此扩大经济力量和中央对抗。

实施均输平准法。均输是由大农派出属官去各地郡国，对上缴朝廷的货物沿途出卖，买回朝廷所需货物；平准是在朝廷设平准官统一管理由各地运往朝廷的货物，据市场行情卖出或买进，求得物价平稳。这样由朝廷直接对物价与货物进行统一调控，使商人无从投机取巧，这样“富商大贾亡所牟大利，则反本，而万物不得腾跃”，实行均输平准政策后“民不益赋，而天下用饶”。

实施算缗与告缗的经济措施则是针对商人并进而制约商业高利贷的强硬经济手段，主要是加重对他们的财产税征收。并对陈报不实者，鼓励告发，使“中家以上大氐（抵）皆遇告……得民财物以亿计……于是商贾中家以上大氐（抵）破”。这些经济措施虽然对当时工商业的发展有很大的摧残作用，尤其是对当时商品经济的打击更为严重，但它在一定时期内增加了国家的财政收入，缓解了西汉朝廷严重的财政危机。

进行币制改革：汉武帝在经济领域的变革中，还有一项重大的经济改革就是对货币的改革，即实现了币制的统一。汉武帝把铸币权收归中央，统一铸造五铢钱，严禁地方和私人铸钱。次年，由上林三官专铸五铢钱。五铢钱的重量、成色都有保证，使币制得到长期的稳定。币制的统一对国家的货币流通，稳定商品经济的发展有很重要的意义。

确立主流统治思想，统一意识形态，维护大一统的政治局面。面对如何能维护政治的统一，采用何种思想，汉武帝采纳了董仲舒的建议，教人们服从国家的意志，把人们的意志统一于封建国家的意志之中，牢固地控制人们。纵然它不可避免地发展为束缚人们的思想，禁锢人们头脑的弊端，但儒学居于独尊的

地位，成为汉代以及后来两千年封建社会统治人民的正统思想，并为巩固国家统一，传播封建文化起了重要作用。中华民族虽几经战乱，但发展至今依然是一个统一的大国，这与人民头脑中根深蒂固的“大一统”意识有着很大关系，而这一“大一统”观念则始于汉武帝时代。

武帝在内政统一稳定的同时，大力开拓疆界，巩固对边疆地区的统治，积极主动地扩大对外交往，促进彼此交流、共同发展，弘扬汉朝文明。

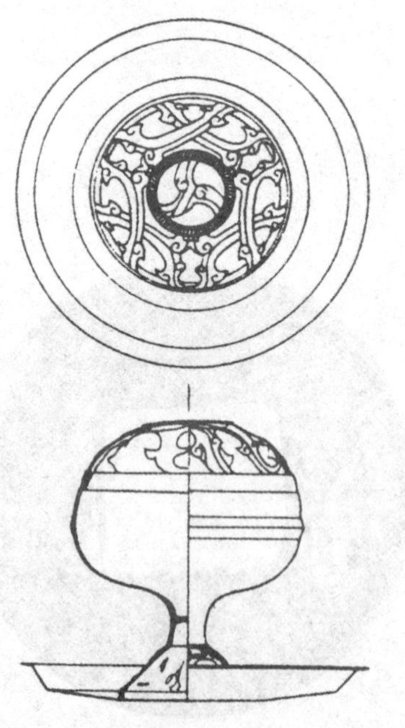

综上所述，汉武帝是我国封建社会开创初期一位杰出的封建帝王，他是一个时代的代表，体现了封建社会从建立到巩固、统一、发展的历程。同时，他打通了中原与周边广大地区的联系，传播了先进的中华文明，促进中西文明的共同发展，对世界文明的进步也起了推动作用。虽然他难免有帝王“好大喜功”“居功自傲”“奢侈享受”的弊病，但从当时的历史条件和整个社会发展的进程来看，他足以被视为有功于历史的杰出帝王。

（二）是非功过

在我国古代社会发展进程中，西汉是强盛的一代，而汉武帝在位的五十余年更使它登上了鼎盛的高峰。他在政治、经济、文化、军事等方面均有建树，功不可没，充分展示了他勇于开拓、奋发进取的雄才大略，因此受到了历代史学家对他的充分认可和赞叹。

汉代史学家班固在《汉书》中称赞他："后嗣得遵洪业，而有三代之风。如武帝之雄才大略，不改文、景之恭俭，以济斯民，虽《诗》《书》所称何有加焉。"清人赵翼在书中说："武帝驾远驭……史称雄才大略，固不虚也。"总而言之"他所开创的局面后人无法继续"。前人的

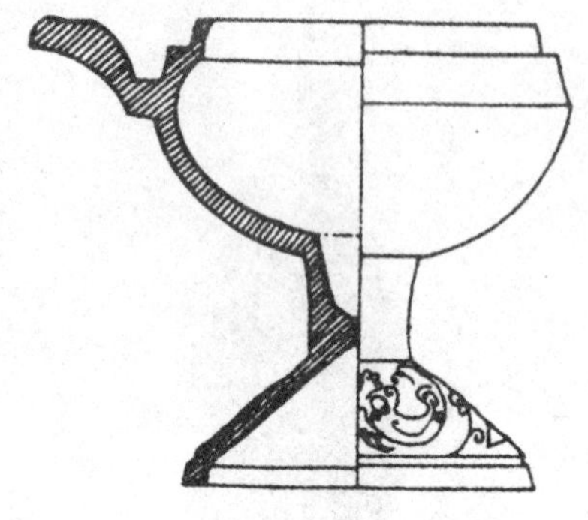

评价已充分肯定了汉武帝在中国历史上的业绩。

汉武帝是一个富有创造性的历史人物，他做了许多前人未曾做过的事。夏曾佑《中国古代史》曾说：“案中国之政，始于汉武者极多。”并对他的具体贡献作过一个统计：

武帝即位，称建元元年。帝王从此有了年号。

是年诏郡国举贤良方正。武帝首创策问，擢广川董仲舒为第一。科举之法始于此。

仲舒上疏，请罢黜百家，用儒术。

汉武帝创造的汉制奠定了中国两千年封建制度的基础，也奠定了不断调适两千多年封建制度的意识形态的基础。

在汉武帝创制的基本活动中，有两件具体且很重要的文化贡献：一是尊儒术。近代学者多否定汉武帝、董仲舒此举，认为从此只剩儒家一条，以此造成中国两千年学术之窒息、思想之消沉。事实上，尊儒黜子指的是不为《六艺》以外的学说立博士而言，并不是要禁止诸子百家在社会上的流通，汉武帝实际上实行的是尊儒兴学，悉延百端之学，博开艺能之路的学术文化政策。汉代学术思想界，也不是只奉一家，刘歆父子在作《七略·诸子略》时，总叙了对诸子的评价，都是客观存在的事实，也得到朝廷的肯定。

从文化史角度来看，儒学本是中国古代文化的主脉，《六艺》是中华民族最早的精神财富。秦始皇焚书坑儒无疑是对中国古代文化的摧残，所幸学者不放弃，使之不绝如缕，在汉初，学术民主、复兴文化，儒学才得以流传。而这其中的功臣，不能不首推汉武帝、董仲舒等。

二是兴学校。并把教育、考试制度与选官制度相结合。建立起了以它为基础的文官制度。这是汉武帝开创的。也

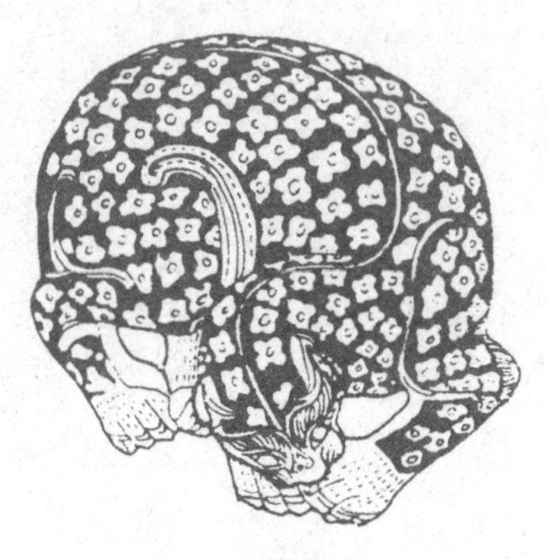

正是这个制度，使武帝时代人才鼎盛，提高了官吏的文化素养，并使政府崇尚文治，传扬文化。

毋庸讳言，对汉武帝的文治武功特别是用兵四方，历代争议颇多，持批评、否定意见者不在少数。认为武帝徒费劳财，虚耗民力，奢侈无度，百姓流离，当此之时，寇贼并起，军旅数发，父战死于前，子斗伤于后，女子乘亭障，孤儿号于道，老母寡妇饮泣巷哭，而征战却仍无停止。清时有人说汉武帝“穷兵黩武，征伐不休，至于末年，户口减半，几至亡国”。这些批评多为揭发事实，自有其正确性。但即便如此，也无法否认武帝开边的事实，其实武帝的功过是非都要结合历史和实际作具体的分析。